AF617472

VERBUM ENSAYO

CARIBE: CONTRA Y DESDE

serie **Biblioteca Cubana**

Dirigida por: Pío E. Serrano

Serie dedicada a difundir lo mejor de la literatura cubana clásica y contemporánea. Agrupa temas y abordajes relativos a las letras cubanas, con títulos de diferentes géneros y autores de dentro y fuera de la Isla, en un diálogo cultural útil y generador de intercambios. Entre los autores más destacados de la Serie, figuran: José Martí, José María Heredia, Julián del Casal, Gertrudis Gómez de Avellaneda, Cirilo Villaverde, Ramón Meza, Carlos Montenegro, Lino Novás Calvo Jorge Mañach, Alejo Carpentier, Pablo de la Torriente, José María Chacón y Calvo, Lydia Cabrera, Dulce María Loynaz, Eliseo Diego, Gastón Baquero, Humberto López Morales, Nivaria Tejera, Juan Arcocha, José Triana, Guillermo Cabrera Infante, Roberto González Echevarría, José Olivio Jiménez, Manuel Díaz Martínez, Severo Sarduy, Armando Álvarez Bravo, Rafel Alcides, José Lorenzo Fuentes, José Prats Sariol, Abilio Estévez, Isel Rivero, Lourdes Gil, Iraida Iturralde, Francisco Morán, Lilliam Moro, Eugenio Suárez Galbán, Leonardo Padura, Pedro Juan Gutiérrez, Félix Luis Viera, José Abreu Felippe, Antonio José Ponte, Reinaldo Montero, Luis Manuel García, Reinaldo García Ramos, Zoé Valdés, Julio Travieso, José Kozer, Lina de Feria, Virgilio López Lemus, Ramón Fernández Larrea, Enrique Pérez Díaz, Rogelio Riverón…

EDMUNDO DESNOES

CARIBE:
CONTRA Y DESDE

EDITORIAL
VERBUM

Tr.ª Sierra de Gata, 5
La Poveda (Arganda del Rey)
28500 Madrid
Teléf.: (+34) 910 46 54 33
e-mail: info@editorialverbum.es
https://editorialverbum.es

I.S.B.N.: 978-84-1136-063-0
Depósito Legal: M-34032-2023

Diseño de cubierta y maquetación: Iván García Molinero
Preimpresión: Adrians Esquivel Romero
Printed in Spain / Impreso en España

Este libro ha sido impreso con papel ecológico procedente de bosques sostenibles.

ÍNDICE

Hemos crecido con dolor

En diciembre de 1979, Edmundo Desnoes se autoexilia de Cuba y se instala en Estados Unidos. Atrás quedan dos décadas de fervorosa adhesión revolucionaria, dos matrimonios y sus correspondientes divorcios, al menos un éxito literario –la novela *Memorias del subdesarrollo,* brillantemente llevada al cine por Tomás Gutiérrez Alea– y una difícil decisión: la de abandonar la isla después de que el Partido Comunista asumiera la dirección de la Cultura.

A sus 49 años recién cumplidos, y a pesar de gozar ahora de una confortable posición como profesor visitante en los Five Colleges (Massachusetts), Desnoes se resiste a abjurar del todo de sus ideas. Su abandono de la Revolución es un hecho, pero –como él mismo explicara en un ensayo de 1967– aquella experiencia le ha descolonizado y brindado un *punto de vista* al que no está dispuesto a renunciar: una conciencia de sí mismo, determinada por "la batalla por la grandeza y la lucidez de mi gente: cubanos y pueblos subdesarrollados de todo el mundo". El escritor ha perdido su lugar físico, pero esa batalla puede continuar en otros escenarios, con otras armas dialécticas.

El autor de ficción, claramente bloqueado, va a dar un paso al lado en beneficio del ensayista. Un primer fruto de esta nueva etapa será *Los dispositivos en la flor* (1981), una antología de textos cubanos cargada de polémica (entre otras osadías, por reunir a nombres de la disidencia como Cabrera Infante o Reinaldo Arenas junto a sus némesis, Fidel Castro o el Che Guevara) pero que acabará siendo reconocida como un esfuerzo pionero en algo que hoy es habitual: el entendimiento de esas 'dos Cubas' como un todo dramáticamente escindido, pero condenado a dialogar y entenderse.

Otro fruto es este *Caribe: contra y desde*, que tiene su primera versión en una conferencia de Desnoes titulada *El Caribe: infierno/paraíso* (1982), programada en el simposio *Literatures in Transition: The Many Voices of the Caribbean Area* y publicado por Hispamérica bajo el cuidado de Rose S. Minc. Un texto de claro aliento antiimperialista, que recorre las heridas de la región desde el desembarco colombino hasta el turbulento presente, y donde el objeto de estudio viene tan definido y homologado por sus circunstancias históricas o geográficas como por las tentaciones depredadoras del vecino del Norte sobre su *Mare nostrum* –o *Patio trasero*, como despectivamente se le llamara.

Cabe recordar que Desnoes escribe su alegato en una coyuntura marcada por fuertes tensiones, más de un año antes de la entrada en vigor de la Iniciativa de la Cuenca del Caribe, la estrategia arancelaria diseñada por la administración Reagan para estimular la economía de la zona, y de la invasión de Granada. A las dos décadas largas de conflictiva vecindad entre los Estados Unidos y Cuba viene a sumarse el apoyo de aquéllos a la contra nicaragüense, el control sobre Honduras, las masacres en Guatemala para combatir a las guerrillas populares, la guerra civil que se libra en El Salvador desde 1980 o el polvorín en que va a convertirse Panamá con el ascenso del comandante Manuel Antonio Noriega y el bloqueo de Washington, entre otros hitos.

Por otro lado, la visión del Caribe que proyecta Desnoes tiene mucho que ver con su propia experiencia personal, tanto por el hecho de ser hijo de padre cubano de origen español y madre estadounidense de raíces francesas, criado entre La Habana y Nueva York, como por sus lecturas de los procesos coloniales e incluso la frecuentación amistosa de escritores como los trinitenses CLR James y John La Rose, el jamaiquino (de padres jamaiquinos y panameños) Andrew Salkey, el martiniqués Aimé Césaire o el haitiano René Depestre, que le brindan una perspectiva panorámica de la zona.

Para Desnoes, todo el área caribeña ha vivido históricamente abocada a una dialéctica de sumisión y rebeldía que la condena a una permanente inestabilidad. Entre múltiples referencias literarias, que van del pensamiento martiano a Carpentier, pasando por Cintio Vitier, Nicolás Guillén o Heberto Padilla, Desnoes aplica en este texto ideas que ya había ensayado en trabajo anteriores, como *La imagen fotográfica del subdesarrollo* o el foto-libro *Para verte mejor, América Latina*, junto al fotógrafo venezolano Paolo Gasparini, donde dice: "La imagen del subdesarrollo en las fotos de prensa norteamericanas es o un rico ambiente (seguro para los turistas y para las inversiones) o un caos social. Las revoluciones, la entrada de los países atrasados a la tecnología moderna, la dignidad y la historia, aparecen como todo lo contrario: como una prueba del atraso, de un mundo que grita cuando debería hablar en voz baja como los blancos, que usa balas en lugar de leyes para imponer la justicia".

Las palabras y las imágenes que invaden el mundo contemporáneo, en efecto, atrapan al Caribe en esa retórica maniquea, fundada en el colonialismo europeo y plenamente asumida ahora por EEUU: paraíso e infierno, buenos salvajes y caníbales… Y en su versión finisecular, *friendly natives* (nativos amistosos) y *hostile guerrillas* (guerrillas hostiles): una distinción que ya figuraba en el *Small Wars Manual* de los marines estadounidenses en 1940, y que seguiría vigente entre las tropas al menos hasta los años 90. En dicho texto, las *pequeñas guerras* son definidas como "operaciones emprendidas bajo la autoridad ejecutiva, en las que la fuerza militar se combina con la presión diplomática en los asuntos internos o externos de otro Estado cuyo gobierno es inestable, inadecuado o insatisfactorio para la preservación de la vida y de los intereses determinados por la política exterior de nuestra Nación". El Norte, señala Desnoes, esgrime su propia dicotomía: el *speak softly* y el garrote, la seducción y la amenaza.

Con el beneplácito del propio autor y de los editores, me ha parecido oportuno completar este volumen con varios artículos hallados en el archivo personal del escritor, inéditos en castellano y cuya eventual publicación en inglés no he podido verificar en las hemerotecas; todos ellos escritos en torno en los primeros años 80 y que reflejan preocupaciones afines. Sin prescindir nunca a su estilo sentencioso, con una cierta vocación poética y distintos grados de cripticismo según la ocasión, Desnoes trata de radiografiar las siempre difíciles relaciones entre Norte y Sur desde su nueva orilla de acogida.

La casa y el cuerpo plantea ese cruce de miradas en el que unos aparecen como bárbaros y otros -en la iconografía de las revistas para adultos- como la encarnación de Lady Godiva, la legendaria dama anglosajona que encarnaba todas las virtudes humanas. *Magart* es una reflexión sobre la deriva del arte -campo sobre el que Desnoes también había trabajado durante muchos años-, mientras hojea revistas viejas para sus collages. *Sobre 'The Intellectual in Anguish'*, por su parte, es la respuesta del autor a una conferencia[1] que Julianne Burton, de la Universidad de California, pronunció en abril de 1983, y que da pie a Desnoes a realizar apreciaciones inéditas sobre su novela más conocida y su versión cinematográfica.

---

[1] Burton, Julianne. *The intellectual in anguish: Modernist form and ideology in Land in anguish and Memories of underdevelopment*. Presentada en un coloquio del Latin American Program auspiciado por el Woodrow Wilson International Center for Scholars, Smithsonian Institution, Wasington DC, 26 de abril de 1983.

En un tono muy distinto, *Latino hasta la muerte* contiene una crítica hacia el exilio cubano y su actitud hostil hacia la participación del país en los Juegos Panamericanos de Indianápolis, en 1987. Asimismo, *Nueva York…*, texto sin título y probablemente inconcluso, profundiza en el contraste entre los hispanos y los anglosajones, y podría ser el borrador de un proyecto literario-fotográfico como el realizado junto a Paolo Gasparini en *Para verte mejor, América Latina*. Por último, *Lancemos al aire la moneda de la libertad* propone un juego de trampas conceptuales desde la lógica capitalista occidental.

Han pasado más de 40 años de la marcha de Desnoes de su tierra y de la escritura de *Caribe: contra y desde*. Sabemos qué ha ocurrido en ese tiempo. Hemos visto caer el Muro de Berlín y abatirse sobre Cuba los rigores del Periodo Especial. Hemos visto morir a los actores principales de aquel choque -Reagan, Castro-, y a los países en juego ser engullidos por la marea de la globalización. Demasiado para no pasar por algunas de estas páginas sin levantar alguna ceja, o sonreír desde la ventaja de quienes saben cómo sigue el cuento. Sin embargo, la vieja dialéctica Norte-Sur no parece del todo superada, ni el Caribe liberado de las potencias neocoloniales y de los estereotipos. Las grandes potencias han seguido declarando sus *pequeñas guerras*, y algunas no tan pequeñas. Las palabras de Desnoes pueden ser la fotografía de un momento pasado, ya remoto para los lectores más jóvenes, pero también de los anhelos una y otra vez pospuestos de unos pueblos que tienen razones para decir, todavía hoy: hemos crecido con dolor.

Alejandro Luque
Sancti Petri, 3 de julio de 2023

CARIBE: CONTRA Y DESDE

I. CONTRA

–"¿Adónde hemos llegado, Señor Almirante?" –me pregunta el Martín Alonso, con el veneno oculto bajo la máscara risueña. –"La cuestión es haber llegado" –le respondo. Según Alejo Carpentier, Colón, el Gran Almirante de la mar océana, sin embargo, sí creyó haber llegado a Cipango, a Catay, y durante el tercer viaje pensó encontrarse merodeando el Paraíso Terrenal. Su traductor, que habló en árabe, largo y tendido, con los habitantes del Paraíso Terrenal, corroboró que aquellos hombres y mujeres de la Edad de Oro eran antropófagos. La fanática racionalidad europea había descubierto la existencia física del Paraíso y, sin mucho desconcierto, que los hombres y mujeres que habitaban los confines edénicos del mundo se alimentaban con deleite de carne humana. Luego, durante el Siglo de las Luces, la dicotomía se hizo bárbara y refinada: el Noble Salvaje y el Caníbal.

Ante todo debemos inventar una definición del Caribe. Una empresa intelectual a la que innumerables especialistas –economistas, historiadores y sociólogos– dedicarían sin vacilar docenas de conferencias y cientos de ensayos: ansiosos de ganar esta dudosa batalla de geografía socio-económica.

Existe una tendencia filosófica, pragmática, de raíz africana, creo, que afirma: "El zorro sabe muchas cosas, pero el león solo una –pero ésa es la única que importa".

Los zorros argumentarían que la región se define por la existencia original de una economía de plantación, con su correspondiente inmigración forzada y masiva de esclavos durante los siglos XVIII y XIX; o sea, las Antillas, el Caribe. Existen otros cortes y enfoques, pero basta mencionar el más aceptado y/o gastado.

Si me viera obligado, o seducido, a encontrar otra justificación –y todos sabemos que la economía es la categoría fundamental–, mi definición se basaría en la existencia de una agricultura semifeudal y en la reducida extensión territorial de los países incluidos, países con una escuálida burguesía, o si prefieren un término más escurridizo, clase media.

El denominador común, para Carpentier, es la música. "Todo suena en las Antillas, todo es sonido". Lo cual, de paso, no está mal.

El león, por su parte, ya ha definido el territorio. El abrazo abarca, y quiere apretar, un círculo que incluye las Antillas, América Central y las costas de América meridional. La Cuenca del Caribe –*The Caribbean Basin*– es una sola unidad para la política exterior de los Estados Unidos. Acepto este enfoque, lo considero el más apropiado y operativo, una definición dentro de la cual ya maniobra el gobierno de Ronald Reagan y viven y mueren los países de la Cuenca del Caribe.

Estados Unidos, USA, heredó el discurso ideológico europeo, la dicotomía maniquea entre nobles salvajes (*friendly natives*) y caníbales (*hostile guerrillas*).

Durante la primera mitad del siglo pasado el Sur de USA soñó con fundar un Imperio Caribe. Un periódico de Virginia hablaba de que "las miserables repúblicas de América Central, pobladas por una semi-raza degenerada, acabarán por inclinarse ante el gobierno Anglo-Americano". Un sureño trasplantado informaba que "Nicaragua disfruta de un perpetuo verano. Los árboles siempre verdes, siempre florecidos, entregan sin cesar sus frutos lujuriosos... Si no fuera por las constantes guerras intestinas, Nicaragua estaría a la altura de cualquiera de los paraísos terrenales que pueden encontrarse a través del mundo".

El *Congressional Globo*, poco antes de la guerra civil, hablaba de Cuba con una suerte de erección geófaga: Cuba "admira al Tío Sam, y él la ama. ¿Quién puede oponerse a esta unión? Los matrimonios se deciden en el cielo. ¿Quién puede oponerse si rodea con sus brazos a la Reina de las Antillas, sentada como Cleopatra en su trono ardiente, sobre las olas de plata, aliento tropical y picante, ofreciendo sus azucarados labios de rosa? ¿Quién se atrevería a oponerse? Nadie. Es ya mayor de edad –cógela, Tío Sam".

Los estados sureños, desde luego, soñaban con fundar un imperio esclavista. El senador Albert G. Brown lo propuso sin ambages: "Quiero a Cuba, y sé que tarde o temprano la tendremos... Y con un pie en América Central podremos extendernos a otros Estados. Sí, los quiero a todos por la misma razón –para sembrar y extender la esclavitud". Paraíso y esclavitud no eran excluyentes, sino complementarios.

Los países de la Cuenca del Caribe siguen siendo las víctimas de un discurso político cada día más obstinado en corroborar –ya no a golpes de cruz y arcabuz, sino a descargas de dólares y bombas– la existencia de sus fantasmas y fantasías. Para continuar el dominio militar, la explotación de sus recursos y el consumo de sus playas y otros productos.

Este es el discurso dominante, hegemónico. La prensa del "Norte" es el vehículo más transparente del maniqueísmo contemporáneo: la Cuenca del Caribe se divide en la publicación de anuncios y en la publicación de noticias, en fotos periodísticas y en fotos publicitarias. En el mismo periódico o revista, y a veces hasta en la misma página o en páginas encarnadas.

El Paraíso Terrenal, desde luego, está fuera del tiempo, de la historia. "St. Kitts and Nevis. St Christopher and Nevis. Where 250 Americans a week come to do practically nothing… Do nothing but count the waves as they wash ashore". Otro: "Peter Island offers nothing". En ambos anuncios, estas islas de habla inglesa ofrecen una interminable playa desierta para el consumo de una pareja eternamente joven. Todos sabemos que no hacer nada es no trabajar, pero hacer el amor es una actividad. También sabemos que las playas del Edén, a la larga, deben ser de una belleza aburrida.

"The touch of Paradise" es un texto que va a acompañado por el cuerpo de una mujer –"blancas colinas, muslos blancos"– extendida sobre la arena, bocabajo, dorándose al sol con la pieza superior del bikini desabrochada sobre la arena y los ojos cerrados: la mano de Adán palpa la espalda. Estamos en *Loews Paradise Island.* Otro: "Cove Dwellers… You'll love being a 'cove dweller'. Enjoy the intimacy of a paradise that's yours alone. Your own private beach".

Las playas interminables, fuera del tiempo, y hasta el amor, como sabe tanto la Santa Madre Iglesia Católica (solo Dios es externo) como la sociedad de Consumo (solo consumir es eterno), suelen tener un límite. Y American Airlines lo sabe: "What's your pleasure?" Y en cada reclamo enumera, con una casilla para su aprobación: "Swimming, Snorkeling, Sunbathing, Dancing, Windsurfing, Fishing, Horseback Riding, Sightseeing, Gambling, Hiking, Nightclubbing, Tennis, Shipping, Sailing, Biking, Beachcombing, Water

Skiing". Puede volar a todas estas actividades en Aruba, The Bahamas, Barbados, Bermuda, Curaçao, Dominican Republic, Guadalupe, Haiti, Jamaica, Martinique, Puerto Rico, St. Croix, St. Martin, St. Thomas, Trinidad-Tobago.

En otras partes de la Cuenca del Caribe como, por ejemplo, en Guatemala, puede consumir historia: "Give us a week and we'll give you 2.000 years". Y por solo 199 dólares.

El precio del paraíso privado y en algunos casos de la historia, es una respetable consideración. El encabezamiento de la campaña publicitaria de México, el "amigo country", tanto para sus playas del mar Caribe como para su milenaria historia es: "Get away from it all, without spending it all". Y en la República Dominicana: "Casa de Campo announces a great new Water Sports Vacation. If you can't play you don't play".

No olviden que la mayoría de estas campañas publicitarias forman parte de la promoción pagada por las diferentes oficinas turísticas de los gobiernos de la región. Tal vez lo más enajenante ocurre, y suele ocurrir, especialmente en países sometidos a la tiranía turística, cuando el discurso, los estereotipos son asumidos, interiorizados por la población de la Cuenca del Caribe.

Antes de viajar al Infierno, debemos recordar que hay otras formas de visitar la región: a través de sus productos. Si no se cuenta con fondos suficientes, siempre se puede adquirir una botella de ron: "No rum reflects Puerto Rico like Ronrico". El reflejo de la botella, la sombra caliente, en este anuncio, es... una playa desierta con palmeras y una pareja como dios los trajo al mundo, besándose en el agua cristalina. Y el café colombiano que Juan Valdés recoge amorosamente, en forma dolorosamente feudal, grano a grano, nos traslada en el aroma hasta su mundo primitivo.

También la ropa, o la desnudez, con artesanía Caribe, puede ofrecernos una vida de nobles salvajes. "Top of the Summer to You… A Bared and Curvy Camisole for Everywhere under the Sun (and Moon)" presenta a dos modelos, una cabeza negra y otra rubia –la rubia, por supuesto tendida en la hamaca; y al fondo una choza. Todo *Photographed in location: The West Indies*.

La mujer es el objeto que contempla al hombre o se ve a sí misma contemplada, como destaca John Berger en *Ways of Seeing:* "Los hombres actúan y las mujeres se presentan. Los hombres contemplan a la mujer. La mujer se observa a sí misma contemplada. Así se convierte a sí misma en un objeto –y especialmente en un objeto visual: una visión". Berger habla de la pintura europea, pero lo mismo es válido para la publicidad y las modas, y hasta para la fotografía erótica de revistas como Playboy y Penthouse. La mujer es directa o indirectamente parte integral del paraíso en la representación de una mujer inocente, instintiva, natural y espontánea frente a la mujer decadente, astuta y lujuriosa (parte del discurso orientalista).

La mujer es mimética en el Caribe, es parte del placer posible y no del trabajo tedioso.

Sherry apareció en las páginas centrales de Penthouse en 1981, con blusa blanca de encajes o vestido de algodón crudo, gardenias en la mano y después de desnudarse un marpacífico en el pelo y collares de semillas o de caracoles al cuello, saliendo del agua, apoyada al tronco de un árbol, tendida en la arena, sentada en una cesta chorreando agua: "Me encanta tomar el sol, nadar bajo el agua, así que posar para un despliegue de fotos en el arrecife de Palancar, en Cozumel, fue como el sueño de una luna de miel. Y haber sido seleccionada la mascota del mes es portentoso… como recibir los nuevos avances amorosos de un hombre nuevo y conmovedor en un nuevo mundo conmovedor". O Gabriela Brum, elegida en Londres Miss World 1980, fotografiada para Playboy tendida en una hamaca: "En realidad sería mucho pedir encontrar algo capaz de superar el paisaje de Jamaica –pero durante su reciente serie de fotos en locación, la exMiss World fue una verdadera contrincante para esta isla del Caribe".

Los habitantes de la región, los "nativos", como las mujeres, forman parte del paisaje. Pero nunca asumen un primer plano, no son personajes, son parte de la escenografía o instrumentos parlantes. O sirven tragos o sirven música de fondo. Objetos doblemente alienados.

El "hombre blanco" no es instintivo, es dominador, aparece de punta en blanco, con un sombrero de jipi-japa, escrutando el horizonte con un trago de ron en la mano, o sentado en cubierta con el mundo del placer a sus pies. El poder es racional y no instintivo, su instrumento es la eficiencia tecnológica y no el equilibrio inocente y voraz de la naturaleza.

La Cuenca del Caribe se consume o se reprime para garantizar su uso y abuso.

El Paraíso puede convertirse en Infierno cuando el noble salvaje se trastorna en un caníbal; el nativo amistoso en el rebelde hostil –y entonces el turismo desaparece. Ahora que Jamaica ha dejado atrás, por el momento, el socialismo democrático de Michael Manley, el gobierno de Edward Seaga ha lanzado una campaña para atraer de nuevo al turismo: En un reclamo vemos la playa solitaria en una ensenada acogedora, y sobre la foto a todo color leemos: "Come back to tranquility. Make it Jamaica. Again". En otro aparece un niño negro, en precario equilibrio sobre la roca de una suerte de laguna; el niño, en traje de baño moteado como la piel de un leopardo, sonríe: "Come back to innocence. Make it Jamaica. Again".

Pero la esquizofrenia me golpeó al ojear The New York Times Magazine del 22 de febrero de 1981. En la portada cuatro miembros armados de la Guardia Nacional en la cama de un camión, y a sus pies, una carga de cadáveres: "El Salvador: A Nation at War With Itself". Y al pasar la página, en reverso el reclamo de American Airlines: "What's your pleasure?" con la húmeda rubia de siempre, el mar-pacífico tras la oreja, y, cortándole las manos y el pubis, la mano de un croupier coloca sobre el verde tapete la carta decisiva.

Los caníbales se han convertido en guerrilleros. "Storm over El Salvador", impreso en Newsweek, sobre la foto de las tropas del gobierno, posando en uniformes impecables, implacables. El sargento, en primer plano, con un reloj digital, el dedo en el gatillo de su rifle de repetición, dos bolígrafos en la guerrera y ocultando o protegiendo sus ojos, espejuelos oscuros. "Washington sent advisers, and more arms were in the way". Junto a otra foto más pequeña de tres muchachos, uno armado con el mismo rifle norteamericano de repetición pero con la insolente camisa desabotonada, en primer plano, otro con una guitarra, al fondo, y a un lado el tercero con una gorra improvisada y una amplia sonrisa: "Young: was the uprising caused by the Soviets?"

"The agony of El Salvador" es otro reportaje ilustrado con una foto a doble página de dos mujeres, las manos atadas a la espalda, muertas, arrojadas al borde de una carretera, con los pies descalzos, manchadas por el sol que al fondo vuelve la yerba tierna, casi color limón. Al lado, la foto de siempre: soldados del gobierno contemplan sonrientes a las muertas asesinadas. Uno sostiene la erección de su rifle entre las piernas.

Durante marzo se van ampliando y definiendo los círculos del Infierno. Un mapa de América central con El Salvador envuelto en llamas: "The fire next door". Un cadáver, con los ojos comidos y los dientes muy blancos, se descompone, con la camisa abotonada, fundiéndose con el fango en un campo sembrado de maíz. "As civilians die, the rebels win converts". "U.S. Approves Covert Action in Nicaragua". La fachada de un edificio: "Ayer Nicaragua hoy El Salvador mañana Guatemala!". "Nicagaraguan base said to be of Soviet Style". "The Peril Grows. Central America's Agony. A U. S. Dilemma". "Nukes Found in Cuba". "Hugh Aide Saus U.S. Seeks Soviet Talks on Salvador Issue. Problem termed Global. Official Says Effort for Solution Also Has to Include Cuba and Other Latin Nations".

El discurso del poder se cierra sobre sí mismo, se perpetúa de espaldas a la historia. Durante casi quinientos años el maniqueísmo solo ha cambiado en tiempos de la dicotomía Paraíso/Infierno. Los hombres y mujeres de la Edad del Oro, del Jardín de las Delicias, pasaron a ser nobles y salvajes y el Infierno, los ángeles caídos, pasaron a ser caníbales, esclavos sin alma, instrumentos parlantes para volver a rebelarse contra el Dios metropolitano y huir hacia las montañas convertidos en cimarrones. Ahora vienen bajando de las montañas, ocupando y liberando territorios guerrilleros. Irracionales, incapaces de reconocer la opresión, el hambre, la ignorancia y la muerte si no reciben instrucciones del Diablo mismo.

Pero la retórica ideológica del poder metropolitano ha sido perforada, grandes boquetes impiden que siga perpetuándose con impunidad.

Ya la racionalidad no es patrimonio del mundo occidental.

"Cuánta sangre en mis recuerdos. En mi recuerdo son lagunas", Aimé Césaire regresa al País Natal.

"Como resultado de mi inesperada conversión ahora respeto mi asquerosa fealdad".

“Y declara la voz de Europa –que durante siglos
nos ha rellenado de mentiras y embutido de plagas,
declara Europa –pero no es cierto–:
el trabajo del hombre ha terminado
nada tenemos que hacer en el mundo
somos los parásitos de la tierra
nuestra labor es seguirle los pasos al mundo.
Mas el trabajo del hombre solo ha comenzado
le queda por conquistar
las cuatro esquinas de su fervor
cada rígida zona prohibida.
Ninguna raza tiene el monopolio de la belleza, la inteligencia y la fuerza
hay un lugar para todos en el encuentro de las conquistas
ya los sabemos
el sol gira alrededor de nuestra tierra iluminando
la región
que solo nosotros hemos escogido
que cada estrella caiga del cielo cuando demos la orden
sin límite ni fin”.

La sensatez de Jorge Castañeda, ministro de Relaciones Exteriores de México, recomendando a Estados Unidos negociaciones con los países de la Cuenca del Caribe ha sido neutralizado, rechazado, consumido por las llamas primeros inventadas y antes creadas por el “Norte”: “La revolución cubana fue una advertencia bien clara para todos: las tradicionales sociedades agrícolas de la Cuenca del Caribe, basadas en la explotación de la mayoría de los habitantes por una oligarquía, están destinadas a desaparecer. El cambio será rápido y, a veces, radical”.

No se trata de la dicotomía Paraíso/Infierno, se trata de poner fin a un purgatorio –por pecados nunca cometidos y siempre padecidos– relleno de mentiras y embutido de plagas.

Hemos crecido con dolor.

Las Antillas y América Central, libres, "salvarán la independencia de nuestra América, y el honor ya dudoso y lastimado de la América inglesa, y acaso acelerarán y fijarán el equilibrio del mundo".

Sabemos lo que somos, queremos y podemos hacer, dentro un pluralismo social que nos permita asumir nuestra soberanía y nuestra identidad.

II. DESDE

Otro discurso, braceando entre las islas y la Tierra Firme, va creando una visión propia del Caribe. Un proceso histórico, que hunde sus manos en la economía, en las corrientes de la cultura, en lo más turbulento y dulce de la Cuenca del Caribe. Una imagen dialéctica, donde las cosas no se resuelven sin contradicciones –donde se va creciendo con dolor.

Este doloroso proceso empieza con Toussant L'Overture. Al mismo tiempo que declaraba en 1801: "Si Bonaparte es el primer hombre en Francia, Toussant es el primer hombre en el Archipiélago de las Antillas", sentía la necesidad del reconocimiento de Napoleón, de Francia. "Háblele de mí, dígale cuánto ha prosperado la agricultura y el comercio –le pidió a un criollo que había decidido abandonar la isla–: en pocas palabras, dígale lo que hemos hecho. Es de acuerdo con todo lo que hemos hecho y logrado que deseo ser juzgado". Hijo de la Ilustración, Toussant vivía escindido, por una parte las ideas de la revolución francesa y por otra la práctica de sus hijos, una vez en el poder, hacia las proezas del jacobino negro del Caribe.

Una vez desilusionado de los resplandores de Europa, del sueño de libertad, igualdad y fraternidad mundiales, amenazado por las tropas enviadas desde Francia para destruir el establecimiento de un gobierno liberal y civilizado, inicia la "guerra a muerte" que hasta hoy las potencias extranjeras imponen al Caribe: "No olvides, mientras esperas las lluvias que nos permitirán deshacernos de nuestros enemigos, que no tenemos otro recurso que no sea la destrucción y el fuego. No olvides que el suelo bañado por nuestro sudor no debe ofrecer a nuestros enemigos el menor sustento. Despedaza los caminos: arroja los cadáveres y los caballos en los pozos y en las fuentes, quema y aniquílalo todo para que los que vienen a reducirnos de nuevo a la esclavitud se vean frente a la imagen del infierno que merecen".

Este fue el plan que le presentó a Dessalines. Y le habló de sus tropas: "Van a luchar contra hombres que carecen de fe, ley o religión. Les prometen la libertad, y en realidad vienen a esclavizarlos. ¿Para qué han atravesado el océano tantos barcos, si no es para volver a imponerles de nuevo las cadenas? Los desprecian, reconocen en ustedes solo niños sumisos, y si no son sus esclavos, entonces son rebeldes".

La tragedia de Toussant es que siguió creyendo, a pesar de todo, en la palabra de los franceses, en su máscara retórica de justicia social dentro y fuera de Francia. Y cayó en la trampa: lo tomaron prisionero. Rumbo a Francia y frente a la muerte, Toussant dejó su testamento. "Al derrocarme, han talado el único tronco del árbol de la libertad en Santo Domingo. Renacerá de nuevo desde sus numerosas y profundas raíces".

Así nació el estrabismo en la identidad de la Cuenca del Caribe: una mirada dividida entre la inspiración y la atracción del mundo occidental y la realidad de la región.

Ya hacia finales de siglo, José Martí asimiló la lección. De la influencia francesa en la poesía de Julián del Casal escribió: "De él se puede decir que, pagado del arte, por gustar del de Francia tan cerca, le tomó la poesía nula, y de desgano falso e innecesario, con que los orífices del verso parisiense entretuvieron estos últimos años el vacío de su época transitoria”. La mirada de Martí no se desvía de su centro: injertó el mundo en su poesía, pero el tronco hundía sus raíces en estas tierras.

Sus *Versos sencillos* son una almendra pura en la literatura de nuestra parte del mundo. Martí concentró toda su vida en la pura llama de su lucha por la independencia, pero su poesía jamás es panfletaria: abarca y aprieta una compleja visión política, moral y hasta sensual.

Yo vengo de todas partes,
Y a todas partes voy:
Arte soy entre las artes,
En los montes, monte soy.

Aquí, como sugirió Cintio Vitier, resuelve sutilmente la grotesca dicotomía de Sarmiento: civilización y barbarie. Y más adelante el origen moral de su destino revolucionario:

Rojo, como en el desierto,
Salió el sol al horizonte:
Y alumbró a un esclavo muerto,
Colgado a un ceibo del monte.
Un niño lo vio: tembló
De pasión por los que gimen:
Y, al pie del muerto juró
Lavar con su sangre el crimen!

Escondido, cifrado, en otro poema resume su destino:

Yo he puesto la mano osada
De horror y júbilo yerta,
Sobre la estrella apagada
Que cayó frente a mi puerta.

Jamás negó, ocultó, su encendido erotismo, su machismo de caballero español refinado por cierta sensualidad árabe

Mucho, señora, daría
Por tender sobre tu espalda
Tu cabellera bravía,
Tu cabellera de gualda:
Despacio la tendería
Callado la besaría.
Mucho, señora, te diera
Por desenredar el nudo
De tu roja cabellera
Sobre tu cuello desnudo:
Muy despacio la esparciera
Hilo por hilo la abriera.

Considero la vida y la obra de José Martí el corazón de todo discurso sobre la Cuenca del Caribe. Vivió el surgimiento pleno del imperialismo estadounidense; conoció la opresión racial del negro y la alienación del blanco; sintió en carne propia los problemas económicos, sociales y culturales de nuestra identidad. “Cuanto hice hasta hoy, y haré, es para eso: impedir a tiempo con la independencia de Cuba que se extiendan por las Antillas los Estados Unidos y cargan, con esa fuerza más, sobre nuestras tierras de América”. Once días más tarde cayó en el campo de batalla.

Rubén Darío, otro hijo de la región, contempla rajado, dudando, la desaparición de Martí: “¡Ya está muerto! Quien escribe estas líneas, que salen atropelladas de corazón y cerebro, no es de los que creen en las riquezas existentes de América. Somos muy pobres… Tan pobres, que nuestros espíritus, si no viniese el alimento extranjero, se morirían de hambre. ¡Debemos llorar mucho por esto al que ha caído! Quien murió allá en Cuba, era de lo mejor, de lo poco que tenemos los pobres… ¡Padeció mucho Martí! (…) Y, por último, desbordante de amor y de patriótica locura, consagrose a seguir una triste estrella, la estrella solitaria de la Isla, estrella engañosa que llevó a ese desventurado rey mago a caer de pronto en la más negra muerte. ¡Oh, Cuba! ¡Eres muy bella, ciertamente, y hacen gloriosa obra los hijos tuyos que luchan porque te quieren libre: y bien hace el español de no dar paz a la mano por temor a perderte (…) mas la sangre de Martí no te pertenecía: pertenecía a toda una raza, a todo un continente; pertenecía a una briosa juventud que pierde con él quizá al primero de sus maestros; pertenecía al porvenir (…) ¡Oh, maestro, qué has hecho…! Y paréceme que con aquella voz suya, amable y bondadosa, me reprende, adorador como fue hasta la muerte del ídolo luminoso y terrible de la Patria".

La escisión continúa hasta hoy, es parte de nuestras contradicciones. Muchos intentan nadar y guardar la ropa. A V. S. Naipaul no le preocupó mucho guardar la ropa cuando abandonó la isla de Trinidad en 1949, a la edad de diecisiete años. Durante años, una vez establecido en Inglaterra, "cuando me quedaba dormido en alguna butaca junto a la estufa eléctrica una pesadilla me despertaba con sobresalto: me encontraba de nuevo en el trópico de Trinidad". En otra ocasión canceló su contrato con cierto editor porque lo anunciaba en el catálogo como un "West Indian writer". "Me he pasado toda la vida –declaró– huyendo de esa etiqueta. West Indian no es una definición política. Representa todo lo que rechazo. Ese no soy yo". Y rechaza responsabilizar a las potencias occidentales de la situación actual del resto del mundo. "no me interesa señalar la culpa. Me interesan las civilizaciones. Si los árabes se orinan a la puerta de mi casa en South Kensington, no puedo dejar de advertirlo. Es tonto pretender que no son bárbaros". Lo cual no le impide viajar y escribir novelas sobre El Caribe, ensayos sobre la India o Irán. Insiste, desde luego, en que, a diferencia de los escritores occidentales, no busca lo pintoresco de esos países, "sino una descripción inseparable de la verdad". ¿Qué hacer? "¡Nada! No se puede hacer nada. Solo que no podemos idealizarlos". Todo lo cual no borra que Naipaul nació en Trinidad, ni que su búsqueda de una verdad abstracta, sea parte de una fuga que lo colocó, después de recorrer la india de sus antepasados, "cara a cara con mi propio vacío".

Volvamos a nuestro mar. La fuga no siempre es posible o deseable. Es imposible para el conjunto orgánico de la población. Los desconocidos de siempre –"se trata de colores baratos, blancos y negros y chinos y mulatos, pues se han corrido los tintes y no hay un tono estable"– no se fugan, emigran por razones económicas. Y muy pocos de los que deciden, o pueden escoger, logran integrarse y asumir una perspectiva "occidental", la falsa conciencia escéptica de Naipaul. Los negros están virtualmente condenados a su identidad caribe. Condena que los ha salvado, una y otra vez, de la traición. Cuando Aimé Césaire decide regresar a la Martinica en 1939 –en lugar de permanecer girovagando por Europa o convertirse en un filósofo de café– se purga escribiendo sus violentas confesiones: *Cahier d'un retour au pays natal*:

Mientras abandono Europa
la irritación de sus gritos
la silenciosa y desesperada corriente
mientras abandono Europa
tímida en sus alardes y su recuperación
deseo ese hermoso egoísmo
que se arriesga
y mientras voy arando recuerdo la proa implacable de una nave.

Cuánta sangre en mis recuerdos. En mi recuerdo son lagunas.
Como resultado de mi inesperada conversión ahora respeto mi asquerosa fealdad.

El exotismo, mi propio pulso me informa, no se puede comer.
Islas, cicatrices heridas en el agua

Islas, evidencia de heridas
Islas desplomadas
Islas informes
Islas, despedazados papeles arrojados al agua
Islas, briznas impulsadas hacia la espada flamígera del sol.
Están aquí y no habrá paz mientras el mundo cabalgue sobre sus espaldas.
Las saqueo sin ambición de lucro.
Y declara la voz de Europa, que durante siglos
nos ha rellenado de mentiras y embutido de plagas,
declara, pero no es cierto:
el trabajo del hombre ha terminado
nada tenemos que hacer en el mundo
somos los parásitos de la tierra
nuestra labor es seguirle los pasos al mundo.
Mas el trabajo del hombre solo ha comenzado
le queda por conquistar
las cuatro esquinas de su fervor
cada rígida zona prohibida.
Ninguna raza tiene el monopolio de la belleza, la inteligencia y la fuerza
hay un lugar para todos en el encuentro de las conquistas
ya lo sabemos
el sol gira alrededor de nuestra tierra iluminando
la región
que solo nosotros hemos escogido
que cada estrella caiga del cielo cuando demos la orden
sin límite ni fin.

Consecuente con sus principios, ingresa en el Partido Comunista Francés, y consecuente con su lucha por la identidad de los pueblos colonizados, renuncia en 1956 al Partido. Rechaza la arrogante pretensión de que las instituciones políticas y culturales de Francia superan cualquier fórmula presentada por los países coloniales: "la especificidad de 'nuestro lugar en el mundo' no debe confundirse con ninguna otra situación. La especificidad de nuestros problemas no puede ni debe reducirse a fórmulas de subordinación a ningún otro problema. La especificidad de nuestra historia, atravesada de terribles infortunios, no pertenece a ninguna otra historia. Y es la especificidad de nuestra cultura, lo que nos proponemos vivir y hacer vivir en forma cada día más auténtica".

El estallido poético de Aimé Césaire ahondó al ya agresivo Nicolás Guillén en 1934:

Me rio de ti, noble de las Antillas,
mono que andas saltando de mata en mata,
payaso que sudas por no meter la pata
y siempre la metes hasta las rodillas.
Me rio de ti, blanco de verdes venas
–¡bien se te ve aunque ocultarlas procuras!–
me rio de ti porque hablas de aristocracias puras,
de ingenios florecientes y arcas.
Me rio de ti, negro imitamicos,
que abres los ojos ante el auto de los ricos
y que te avergüenzas de mirarte el pellejo oscuro,
cuando tienes el puño tan duro!

Cuando triunfa la Revolución Cubana –que había tomado la iniciativa, más de acuerdo con la especificidad de nuestra historia y menos con las recetas del viejo partido comunista– Nicolás Guillén nos lanza sus musicales panfletos poéticos, la cara positiva del reordenamiento social:

Cuando me veo y toco
yo, Juan sin Nada no más ayer,
y hoy Juan con Todo,
y hoy con todo,
vuelvo los ojos, miro,
me veo y toco
y me pregunto cómo ha podido ser.
Tengo, vamos a ver,

tengo el gusto de andar por mi país,
dueño de cuanto hay en él,
mirando de cerca lo que antes
no tuve ni podía tener.
Zafra puedo decir,
ciudad puedo decir,
ejército puedo decir,
ya míos para siempre y tuyos, nuestros,
y un ancho resplandor
de rayo, estrella, flor.
Tengo que como tengo la tierra tengo el mar,
no country,
no jailáif,
no tenis y no yatch,
sino de playa en playa y ola en ola,
gigante azul abierto democrático:
en fin, el mar.

El Caribe ha producido la primera revolución socialista del continente. Los muchos se sienten abrazados y liberados, a pesar de la escasez y el sacrificio; los pocos, por su parte, se sienten sofocados.

Fuera del juego, de Heberto Padilla, es un libro clave en la lucha entre individualismo escéptico y compromiso social. Padilla se niega a contemplar "el lado claro de la vida", "el-alto-sueño" y contribuye a la nueva y más profunda rajadura de la Cuenca del Caribe: socialismo o consumismo.

A los héroes
siempre se les está esperando
porque son clandestinos
y trastornan el orden de las cosas.
Aparecen un día
fatigados y roncos
en los tanques de guerra,
cubiertos por el polvo del camino,

haciendo ruido con las botas.
Los héroes no dialogan,
pero planean con emoción
la vida fascinante de mañana.
Los héroes nos dirigen
y nos ponen delante del asombro del mundo.
Nos otorgan incluso
su parte de Inmortales.
Batallan
con nuestra soledad
y nuestros vituperios.
Modifican a su modo el terror.
Y al final nos imponen
la furiosa esperanza.

Es cierto, batallan con nuestra soledad y nuestros vituperios, pero este poema "Sobre los héroes" niega la posibilidad del diálogo entre individuos y héroes.

Fidel Castro mantiene un diálogo vivo y constante con los muchos. Sus discursos siempre buscan el diálogo y rehúyen el monólogo. Logran la comunicación, autoritaria y voluntarista, pero hambrienta de constante apoyo popular. El consenso, el respaldo entrañable a la revolución, es producto tanto de las medidas del gobierno como del diálogo ininterrumpido, emocional e intelectual, entre Fidel y los cubanos de la isla. De lo contrario hace tiempo que los problemas internos y las amenazas externas hubieran puesto fin a la difícil construcción del socialismo en Cuba.

El discurso del pueblo aflora con fuerza y precisión en las innumerables expresiones populares, en esas frases pegajosas e incisivas que todos repetimos y ante las cuales nadie puede reclamar derechos de autor. Hasta 1968, por ejemplo, la mayoría de las consignas revolucionarias se aceptaban, repetían, interiorizaban; pero en 1968 sucedió algo inesperado. El Che acababa de morir en Bolivia y la Ofensiva revolucionaria, la última nacionalización radical, llegó hasta los pequeños comercios y las manufacturas domésticas; aumentó, inexorablemente, la escasez y para colmo se cerraron los bares y centros nocturnos en un ridículo sarampión de puritanismo revolucionario. La consigna del año, lanzada para celebrar el centenario de las luchas por la independencia, era "Cien años de lucha". El radio y la televisión proclamaban a cada momento; carteles y vallas remachaban en grandes letras rodeadas de próceres y héroes revolucionarios los benditos "Cien años de lucha". El pueblo, exhausto, temiendo otro siglo de lucha, invirtió los términos de la consigna: "no cojas lucha" se convirtió en la respuesta de rigor a toda presión en el trabajo, la calle o la casa. Toda insistencia, todo desorbitamiento emocional, toda preocupación excesiva se disolvía ante un "no cojas lucha". O te recomendaban que tomaras "antiluchín".

El punto de saturación había llegado. La conciencia colectiva había decidido que necesitaba un descanso, un espacio entre individuo y sociedad, una recompensa de seguridad y sosiego después de una década de sacrificios. Y la política del gobierno cambió al cerrarse la década. Del caos creador se pasó a la institucionalización. Y la presión popular fue un factor decisivo.

Hemos llegado a las raíces de nuestro discurso: la comunicación oral, la expresión de los Juan Sin Nada y los Rastaman, en el mundo del Caribe. A los vasos comunicantes entre discurso hablado o cantado y discurso literario. Si no establecemos las mediaciones necesarias entre acto oral y palabra escrita –el discurso de la Cuenca del Caribe sería una farsa. Esta división implica, por lo general, subordinación. Es parte del sistema de valores de la civilización literaria occidental.

La cultura hegemónica metropolitana, con sus instituciones y medios de comunicación, sigue anclada en la tradición literaria. Domina y manipula con su grafía sin respuesta; no son analfabetos los que transmiten sus valores en libros, periódicos, radios, cines y televisores. Se trata de un sistema sin diálogo, autoritario, sin respuesta.

Es cierto que la cultura nacional, como señala José Luis González al hablar de Puerto Rico, "es la cultura producida por la clase de los hacendados y los profesionales". Y la crisis de semejante "cultura nacional" tiene otra cara: el fortalecimiento de la cultura popular, cuya raíz más fuerte, por razones económicas y sociales, "es la africana".

Esta situación, mutatis mutandis, ensarta la mayoría de los países de Nuestra América con promesas y tentaciones de la sociedad de consumo. Promesas y tentaciones que solo se cumplen en el exquisito seno de las viceburguesías, mientras las dolorosas tetas campesinas y trabajadoras apenas pueden alimentar la explosión demográfica de los pobres. En nuestra región la clase media, ese término elástico tan usado y abusado en USA, no se ha extendido y fortalecido lo suficiente para substituir la lucha de clase por, como solían decir los chinos, la envidia de clases. Todavía la soberanía, la justicia social y la identidad nacionales, estremece a los hombres y mujeres de nuestros pequeños grandes países. Puerto Rico es tal vez la avanzada del proyecto consumista –por sus vínculos con el Imperio y la orientación de su clase media– en la Cuenca del Caribe.

Todo esto ha creado las condiciones, especialmente a partir de la revolución cubana, para la toma del poder por las culturas populares. Vivimos en uno de los puntos geográficos que pueden modificar el falso equilibrio de nuestra época. Las culturas nacionales han fracasado, solo queda la alternativa entre democracia socialista y aristocracia consumista.

La cultura popular juega un papel decisivo en estos momentos. Pero la cultura popular tiene dos filos: uno que hiere y otro que sana. El que nos hiere puede convertirse en una fuga existencial, un desahogo impotente.

La cultura popular, en otras palabras, puede convertirse en un instrumento del poder, en un desfogue popular que no pasa de circo sin pan. No debemos olvidar que la libertad en la sociedad burguesa permite mitigar la frustración sin modificar la estructura del poder económico, político y social.

Pueden, por otra parte, organizarse los muchos para tener lo que merecen. Cuando una vertiente popular de la cultura, como los rastafari del Caribe, cambia de signo, deja de ser un desahogo aislado para convertirse en una respetable amenaza al poder establecido. Cuando Walter Rodney vivió en Jamaica como profesor invitado, rechazó las preocupaciones de la élite universitaria para pasar su tiempo libre con los rastas, en los barrancos, primero familiarizándose con sus valores, sus pequeñas comunidades, su glorificación del Emperador Haile Selassie, y más tarde comunicándoles sus experiencias políticas, su conocimiento de la historia de África y de Etiopía, insertándolos dentro del movimiento negro internacional. Las actividades políticas del intelectual guayanés, su identificación con los rastafaris, no pasó inadvertida. En 1968, a su regreso de la Conferencia de Escritores Negros de Montreal, el gobierno de Shearer le negó la entrada en Jamaica.

Pero los rastafaris son ya una poderosa fuerza cultural y política en numerosas islas del Caribe. Una cultura oral y musical, un estilo comunitario de vida, un rechazo del Rat Race y una afirmación de su identidad social. El reggae ha recorrido el mundo con su mensaje, mutilado por la comercialización, pero todavía tierno y violento en sus "positive vibrations", según la voz desenfadada de Bob Marley:

If you get down and quarrel
everyday
you're saying prayers to the
Devil, I say
why not help one another on
the way
make it much easier
say you just can't live that
negative way.
Rastaman vibration yeah!
Positive.

La cultura popular rastafari se extiende por las islas inglesas e inclusive ha llegado hasta los territorios franceses de Martinica y Guadalupe. En Grenada, 400 rastas formaron parte del ejército popular del New Jewel Movement. Ante el peligro de una contrarrevolución, declararon: "Desde el 13 de marzo de 1979 hasta el presente, gozamos de la libertad de poder movernos de aquí para allá. Sin discriminación, sin brutalidad policial (nos cortaban los tirabuzones). Porque aquí se acabó el Gairyismo-Americanismo, el Ciaismo. Babilonia. Ya no más policías ahí a la puerta antes de amanecer y después de caer el sol… En nombre de Jah Rastafari esperamos que nuestro mensaje llegue a las masas".

La cultura popular no solo encuentra la expresión feliz, la frase que revela el pensamiento y los sentimientos colectivos, no solo canta y mueve al baile y la acción –también hace hablar a las paredes durante la lucha revolucionaria. Durante la guerra de Nicaragua, en las paredes el pueblo leía o le leían las noticias y las consignas: "¿Dónde está Norma González? Que conteste la dictadura". "Todo Nicaragua un combatiente sandinista". "Fuera la GN de Monimbó". "El pueblo se está muriendo por culpa de Somoza". "El 7 de junio fue liberado Diriamba".

Ahora, la trenza del discurso también tiene ropa de domingo, deleite lento y destilado, en la obra de Alejo Carpentier. Es la visión más amplia y culta de un asombrado peregrino del bolsón de Tierra Firme, mar e islas, bolsón donde funde historia y mitología.

La clave de su obra es el asombro, pero un asombro de mirada bifocal. El asombro de un viajero que a veces parece haber iniciado su recorrido en Cuba y otras veces desde Francia. De ahí, del surrealismo francés, el asombro de Lo Real Maravilloso: "*Lá-bas tout n'est que luxe, calme et volupté*. La invitación al viaje. Lo remoto. Lo distinto". Luego "vuelve a lo suyo… y empieza a entender muchas cosas". Arrastra "una herramienta de treinta siglos, pero, a pesar de una contemplación de hechos absurdos, a pesar de muchos pecados cometidos, debe reconocerse que s*u estilo* se va afirmando a través de su historia, aunque a veces ese estilo puede engendrar verdaderos monstruos".

Así describe su descubrimiento del Caribe: "Por ello diré que una primera noción de lo real maravilloso me vino a la mente cuando, a fines de 1943, tuve la suerte de poder visitar el reino de Henri Christophe –las ruinas, tan poéticas, de Sans-Souci; la mole, imponentemente intacta a pesar de rayos y terremotos, de la Ciudadela La Ferriére– y de conocer la todavía normanda ciudad del cabo, el *Cap Français* de la antigua colonia, donde una casa de larguísimos balcones conduce al palacio de cantería habitado antaño por Paulina Bonaparte. Mi encuentro con Paulina Bonaparte, ahí, tan lejos de Córcega, fue, para mí, como una revelación. Vi la posibilidad de establecer ciertos sincronismos posibles, americanos, recurrentes, por encima del tiempo, relacionando esto con aquello, el ayer con el presente. Vi la posibilidad de traer ciertas verdades europeas a las latitudes que son nuestras actuando a contrapelo de quienes, viajando contra la trayectoria del sol, quisieron llevar verdades nuestras a donde, hace todavía treinta años, no había capacidad de entendimiento ni de medida para verlas en su justa dimensión. (Paulina Bonaparte fue, para mí, lazarillo y guía, tiento primero –a partir de la Venus de Canova– de los ensayos de indagación de los personajes que, como Bilaud-Varenne, Collot d'Herbois, Víctor Hugues, habrían de animar mi 'Siglo de las Luces', visto en función de luces americanas".

Carpentier se desnuda en este fragmento: el asombro, la mirada bifocal, su sensibilidad y sensualidad cultural al tener que palpar el mármol de la Venus de Canova para entender a Paulina Bonaparte luego acariciada por un esclavo negro en *El reino de este mundo*. La mirada bifocal es también parte de la insistente aspiración universal del Caribe.

Escribe el autor: "Al principio se hacía dar masajes por sus cameristas francesas; pero pensó un día que la mano de un hombre sería más vigorosa y ancha, y se aseguró los servicios de Solimán, antiguo camarero de una casa de baño, quien, además de cuidar de su cuerpo, la frotaba con cremas de almendra, la depilaba y le pulía las uñas de los pies. Cuando se hacía bañar por él, Paulina sentía un placer maligno en rozar, dentro del agua de la piscina, los duros flancos de aquel servidor a quien sabía eternamente atormentado por el deseo, y que la miraba siempre de soslayo, con una falsa mansedumbre de perro muy ardido por la tralla. Solía pegarle con una rama verde, sin hacerle daño, riendo de sus visajes de fingido dolor. A la verdad, le estaba agradecida por la enamorada solicitud que ponía en todo lo que fuera atención a su belleza. Por eso permitía a veces que el negro, en recompensa de un encargo supuestamente cumplido o de una comunión bien hecha, le besara las piernas, de rodillas en el suelo, con gesto que

Bernardino de Saint-Pierre hubiera interpretado como símbolo de la noble gratitud de un alma sencilla ante los generosos empeños de la ilustración".

El esclavo africano es la sorpresa de la Historia, el "elemento imprevisto" que va a subvertir un orden aparentemente inmutable, "el negro que llega a América aherrojado, encadenado, amontonado en las calas de buques insalubres, que es vendido como mercancía, que es sometido a la condición más baja a que puede ser sometido un ser humano, resulta que va a ser precisamente el germen de la idea de independencia. Es decir que, con el transcurso del tiempo, va a ser ese paria, va a ser ese hombre situado en el escalón más bajo de la condición humana, quien nos va a dotar nada menos que del concepto de independencia… Si tuviéramos un mapa pudiésemos encender un bombillo rojo dondequiera que ha habido sublevaciones negras, de esclavos negros, en el Continente, encontraríamos que desde el siglo XVI hasta hoy no habría nunca un bombillo apagado, siempre habría un bombillo rojo encendido en alguna parte".

La narrativa de Carpentier debe tanto o más a lo maravilloso que a lo real. *El reino de este mundo* es una fábula histórica de una tierra, Haití, "donde millares de hombres ansiosos de libertad creyeron en los poderes licantrópicos de Mackandal, a punto de que esa fe colectiva produjera el milagro el día de su ejecución". En la novela, cuando el emperador se suicida, Ti Noel, ante la soledad y el fracaso de la revolución, "se sorprendió de lo fácil que es transformarse en animal cuando se tienen poderes para ello. Como prueba se trepó a un árbol, quiso ser ave, y al punto fue ave. Miró a los Agrimensores desde lo alto de una rama, metiendo el pico en la pulpa violada de un caimito. Al día siguiente quiso ser garañón y fue garañón; mas tuvo que huir prestamente de un mulato que le arrojaba lazos para castrarlo con un cuchillo de cocina. Hecho avispa, se hastió pronto de la monótona geometría de las edificaciones de cera". Pero no somos pobres ni unilaterales, seis años antes, en 1943, otro antillano, C. L. R. James, ya había escrito *The Black Jacobins*, la historia definitiva de la revolución haitiana. Y al reimprimir el libro en 1963, añade un apéndice "de Toussant L'Overture a Fidel Castro", para continuar fortaleciendo la urdimbre del Caribe: "La revolución de Fidel Castro es tan del siglo XX como la de Toussant lo fue del XVIII. A pesar de más de siglo y medio de distancia, ambas son antillanas. Los pueblos que las hicieron, los problemas e intentos de resolverlos son peculiarmente antillanos: son el producto de un origen y una historia peculiares. La primera vez que los antillanos tomaron conciencia de sí mismos como un pueblo fue con la revolución haitiana. Sea cual fuere su destino final, la revolución cubana marca la última etapa de una búsqueda caribeña de identidad nacional. En una serie dispersa de islas diferentes, el proceso consiste en una serie no coordinada de períodos, de corrientes, puntuados por brotes, saltos y catástrofes. Pero el movimiento inherente es claro y fuerte".

La gesta fundadora de los hombres y las mujeres de Haití es insuperable, como imperdonable su humillación, su desesperada hambruna de hoy. René Depestre, contra el que Papa Doc escribió o mando escribir un libro, es herededro de la candorosa violencia de Toussant:

Tengo, en el fondo de mis días,
la vida de un país masacrado.
Tengo en mis gestos sus brazos talados,
en mi mirada acumulo sus ojos
como en una cesta de ostiones.
Y tengo el sol desgranado en pedazos.

Pero:

Existe sólo un punto luminoso
en el lejano espacio de mi tristeza…
Será un cometa suelto entre tus odios,
o un satélite que día y noche
recorre tu delirio?
Ni siquiera se ocurre pensar por un momento:
ese punto luminoso podría también ser
una gota lejana de ternura,
la estrella que sobrevivió a todas tus conspiraciones
contra mi vida
y que también brilla para ti,
lobo hombre blanco.

Mi discurso se teje y desteje en el agónico ojo del huracán, durante el silencioso momento que precede al segundo tiempo de sus azotes; hablo de los peligros que nos amenazan o seducen desde el Norte; pero me parieron en Cuba, "donde nacer es una fiesta innombrable" como apuntó Lezama y "el hielo es una reminiscencia" y hoy, aquí, Puerto Rico aletea en mi conciencia. En mis innumerables experiencias, antes y después de la revolución, aparece Puerto Rico.

Desde la infancia, en mis libros de Historia de Cuba, cuando se habla de la guerra del 95, invariablemente aparecían Martí y Puerto Rico. Las banderas me confundían, hasta que se hizo automático tomar el creyón rojo cuando rellenaba el triángulo que rodeaba la estrella solitaria. Mucho más tarde descubrí con espanto lo que aquello significaba: un campo de sangre rodeaba la estrella cubana, un campo de cielo azul la puertorriqueña. Espero que la diferencia no indique que Cuba vivirá siempre a punto de derramar su sangre, y Puerto Rico a punto de desaparecer, como nación de Nuestra América, y reaparecer en un cielo extraño, junto a estrellas que hablan inglés.

Luego vino la adolescencia, y antes de que me apasionara por los libros, decidí que Daniel Santos era un gran sujeto, y pensé que era de su inspiración aquello de:

Cuba y Puerto Rico son
de un pájaro las dos alas
reciben flores y balas
en un solo corazón…

Solo que por razones de estilo pronunciara "pajaro" en lugar de "pájaro". Nada sabía de la inspirada poetisa puertorriqueña doña Lola Rodríguez de Tió, como tampoco conocía de las simpatías nacionalistas de Daniel Santos cuando lo oía cantar "triste carta recibió la novia de un militar, cuando aparte se encontraban, sin poderlo remediar”, si mal no recuerdo. Y su estilo de vida –bohemio, violento y apasionado– no dejó de inspirarme respeto.

No es fácil, entre nosotros, vivir sin actuar, sin unir la teoría y la práctica. Como escribió Hostos a su amigo Guillermo Matta: “Si entretanto se presenta una ocasión de hacer una locura, la más loca, la más desesperada, en favor de Puerto Rico o Cuba, la haré sin vacilar”. Es la locura que hoy nos mantiene vivos.

Lo cual me recuerda la contraportada de *Papeles de Pandora* de Rosario Ferré: “Este volumen muestra no sólo la diversidad maligna del lenguaje… sino también la diversidad perversa del hacer y pensar humanos, la pasión deslumbrante y sórdida de todas las clases sociales, de todos los puertorriqueños, de todos los latinoamericanos y del género humano. *Papeles de Pandora* esparce en nuestra lectura todo el bien y el mal imaginables bajo la forma de una pasión avasallante “.

Creo que solo les faltó mencionar la inteligencia de Rosario Ferré. Las virtudes del libro no están en el desenfado, en la honestidad de su erotismo sin mala conciencia, están en la capacidad para establecer relaciones, demostrar que los valores de uso son también valores de cambio en los contratos tácitos de la vida familiar y su mitología sentimental.

El discurso de la mujer en la sociedad desde el Caribe tiene su especificidad en la mitología y la práctica del mestizaje. Mestizaje, opresión racial que facilita contemplar y vivir y expresar la relación entre hombres y mujeres con ventanas y puertas abiertas de par en par. La visión de la mujer se pregona con más facilidad, su papel social se impone con más crudeza.

Los colonizadores, los hombres, porque los demás son esclavos, llegan al Caribe viendo visiones: perseguidos por sirenas, amenazados por amazonas. Los pueblos nuevos, donde se funden las razas, es obra de la violencia de los colonizadores metropolitanos. Uso de los hombres y abuso de las mujeres, sin leyes ni moral para frenar la violación de una raza por otra. Una vez impuesto este derecho el macho no cede con facilidad.

Con el tiempo se produce la división entre la mujer lirio y la mujer fruta, y se creó la casa grande y la casa chica. Las raíces de la dicotomía, el deseo carnal –el coco y el cerebro, como dicen en Cuba– del macho blanco, el ejercicio de la doble opresión social y sexual de la esclava, se hunden en el período colonial. La primera documentación detallada de esta pasión, o ejercicio del poder, es la relación entre Jhon Gabriel Stedman, mercenario escocés en Surinam durante la rebelión de los esclavos de 1773, y Joana, "the beautiful mulato maid" de sólo 15 años de edad. "Más alta que la mayoría, poseía la forma más elegante que puede exhibir la naturaleza. Movía sus extremidades con desacostumbrada elegancia. Su rostro, dulce y lleno de modestia nativa; sus ojos, negros como el ébano, eran enormes y expresivos, revelando la bondad de su corazón; sus pómulos, a pesar de la oscuridad de su piel, ardían, cuando los contemplaba, con un cierto tinte bermellón. Su nariz, bien formada y más bien pequeña; sus labios algo prominentes revelaban, cuando hablaba, dos hileras regulares de dientes, blancos como la nieve en las montañas; su cabellera, marrón oscuro, casi negra, constituía un orbe hermoso de pequeños rizos decorado con flores y lentejuelas. Alrededor del cuello, los brazos y los tobillos, llevaba cadenas de oro, medallas y anillos: mientras que un mantón de muselina oriental, los extremos echados negligentemente sobre sus hombros pulidos, cubrían con gracia sus pechos: y solo sus enaguas satinadas completaban su indumentaria. Con la cabeza y los pies desnudos, brillaba con doble resplandor, mientras sostenía en su delicada mano un sombrero de castor rematado en plata".

Stedman se compró a Joanna y le parió un hijo, John. Antes de abandonar la colonia, una vez masacrados los rebeldes, intentó llevarse a Joana –pero Joana se negó, en solidaridad con su mundo, a seguirlo. Murió envenenada por la envidia, se dice, de los que resentían su "privilegio". Stedman se casó en Inglaterra, probablemente con una mujer lirio, y su hijo, John, que llegó a Europa en 1782, a la muerte de Joana, ingresó en la Armada Inglesa y murió ahogado a la edad de diecisiete años cerca de las costas de Jamaica. Los casos son innumerables puntos como persistente ha sido y es el sitio el mito de la lujuriosa sensualidad elemental de la mulata.

La novela clave de la literatura cubana, Cecilia Valdés, convierte la pasión secreta del criollo burgués en una tragedia donde no podía faltar el incesto y la solapada venganza de una mulata despechada. Así en Cuba como en Puerto Rico la mulata es una fruta comestible, traducción Caribe de la cosificación occidental: basta contemplar su universalización abstracta en Palés Matos:

En ti ahora, mulata,
Me acojo al tibio mar de las Antillas.
Agua sensual y lenta de melaza,
Puerto de azúcar, cálida bahía,
Con la luz en reposo
Dorando la onda limpia,
Y el soñoliento zumbo de colmena
Que cuajan los trajines de la orilla.

Eres ahora, mulata,
todo el mar y la tierra de mis islas…
Imperio tuyo, el plátano y el coco,
que apuntan su dorada artillería
al barco transeúnte que nos deja
su rubio contrabando de turistas.
En potro de huracán pasas cantando

tu criolla canción, prieta walkiria,
con centelleante espuela de relámpagos
junto al verde Walhalla de las islas.
Eres inmensidad libre y sin límites,
eres amor sin trabas y sin prisa;
en tu vientre conjugan mis dos razas
sus vitales potencias expansivas.

Guillén no se queda muy atrás, y extiende la universalidad tanto a la mulata como a la mujer negra:

Con el círculo ecuatorial
ceñido a la cintura como a un pequeño mundo
la negra, mujer nueva,
avanza en su ligera bata de serpiente.

Pero limita su racionalidad:

Tu vientre sabe más que tu cabeza
y tanto como tus muslos.
Esa
es la fuerte gracia negra
de tu cuerpo desnudo.

No está extrañar que la mujer negra recupere su dignidad, su identidad total, social y sexual en la obra de Jean Rhys y Rosario Ferré. En *Wide Sargazo Sea*, Cristophine, llena de vitalidad y sabiduría, aconseja a Antoinette, la criolla lánguida y sentimental: "Todas las mujeres, de todos los colores, no son nada más que tontas. Tres hijos tengo. Uno vivo en este mundo, cada uno de padre diferente, pero ningún marido, gracias a Dios. Yo guardo mi dinero, no se lo doy a ninguna basura de hombre".

Rosario Ferré logra romper las barreras económicas y sociales para enfrentar a Isabel Luberza, "recogiendo dinero para restaurar los leones de yeso de la plaza que había dejado de echar agua de colores por la boca" con Isabel la Negra, "preparando su cuerpo para recibir el semen de los niños ricos". El desarrollo de la dialéctica de los géneros comienza con la eliminación del poder masculino: "Fue cuando tú te moriste, Ambrosio, y nos dejaste a cada una a la mitad de toda tu herencia, que empezó todo este desbarajuste y, este escándalo girando por todas partes como un arco de hierro, restrellando tu buen nombre contra las paredes del pueblo". Ambrosio y su poder económico desaparecen, el sector público se traslada al corazón de la confrontación sexual, círculo doméstico, privado. Las transmutaciones y las confrontaciones, tanto en el hilo narrativo como en el discurso literario, revelan los resortes y los términos de la primera división del trabajo: económicos, sociales, raciales y culturales. "Cuando Isabel Luberza le abrió la puerta a Isabel la negra sintió que las fuerzas le flaquearon punto de tan hermosa que era todavía tuvo que bajar la vista, casi no se atrevió a mirarla. Sentí deseos de besarle los párpados, tiernos como tela de coco nuevo y rasgados a bisel. Pensé en lo mucho que me hubiera gustado lamérselos para sentirlos temblar, transparentes y resbaladizos, sobre las bolas de los ojos... Ante todo necesitaba convencerla de que yo buscaba su amistad y su confianza, de que si era necesario estaba dispuesta a admitirla como partner en el negocio". Todo ya está dicho.

Los dos tiempos, el mundo privado y el mundo público, la sociedad, aparecen en *La guaracha del Macho Camacho*, donde la violencia económica, verbal y física, jamás pretenden imponer una pura solución formal. El consumo impone la voraz solución de la envidia: "Puerto Rico se forma y es ya mismo o dentro de un ratito. Porque los obreros quieren ser los ricos y los ricos no pueden ser los obreros porque los ricos son los ricos". La relación entre individuo y sociedad, entre narrador y mundo antillano encuentra un equilibrio en la obra de Luis Rafael Sánchez. No es un boom antillano, aunque todos tenemos dos apellidos, sino una madurez, no son estrellas sino islas, Tierra Firme. Ese es el discurso más auténtico de la Cuenca del Caribe. Padecemos y gozamos contradicciones pero sentimos la presión de un mundo turbulento y dulce que siempre es más grande, popular y trascendente que nosotros.

Y ahora quiero hablar de Nicaragua, El Salvador y Guatemala. La Cuenca del Caribe impone respeto por la grandeza sin alardes de su discurso desesperado porque la configuración de nuestros territorios, nuestra ubicación continental nos obliga a vivir y crecer con las entrañas al sol entre la identidad y el olvido. Identidad en la lucha; olvido en el poder y el placer.

El escritor, en América Central, se siento hoy abrumado por la necesidad de apretar filas entre sus palabras y los hombres y mujeres de la región.

Y derrumbar los muros formales, como insiste y persiste Ernesto Cardenal, hoy ministro de Cultura de Nicaragua, en su *Epístola a Monseñor Casaldáliga*: "Usted es poeta y escribe metáforas. Pero también ha escrito: 'la esclavitud no es una metáfora'". Y antes de morir Roquel Dalton en El Salvador: "Queridísimo Padre Prefecto, supongo que usted se sentirá muy feliz: usted me marcó con el terrible fierro de Santo Tomás: la seda aristocrática… y por ese camino vine a parar en el culto al talento: lo más subversivo que hay, tanto en el cielo como en el infierno. La inteligencia es entonces una estatuilla balinesa de bronce y nosotros solamente sus deudos, si usted me lo permite. Felizmente yo he sido tan absolutamente estúpido con los idiomas, que no he desentonado del todo, por ejemplo, en las filas revolucionarias de mi país". Y Luis Cardoza y Aragón, padeciendo a Guatemala desde su exilio en México: "En el caso preciso de mi país, te diré que escribo contra mi clase. Sí sé *contra quien escribo*, mejor que *para quién escribo*. El analfabetismo, por la organización racista de expoliación, de 'estado asociado', es muy alto. Puede comprar libros, que son muy caros, una minoría de la pequeña burguesía o de la gran burguesía... La cultura individual, que no podemos separar del contexto socioeconómico en que se lee y se escribe, está condicionada por éste. Pero hay una inteligencia que se rebela contra el medio, lee y escribe contra el medio reaccionario. Por eso es conciencia. Y en esta expresión y esta creación, en esta toma de conciencia, en esta obra de fundación, han vivido siempre el arte y las letras revolucionarias".

La alternativa fundamental, decisiva, es la que nos divide porque divide nuestras sociedades: cambiar la vida, o consumir consumiéndonos.

Dos textos revelan la textura y el sabor, la apariencia y el sentido de nuestro discurso bifurcado. Uno de Puerto Rico y otro de Cuba.

La desesperación consumidora envuelve tanto a los hombres como a las mujeres de Luis Rafael Sánchez, ahogándonos en etiquetas. El senador Vicente Reinosa suda, y su reloj Piaget suda solidario: "Sudor secado con pañuelo de hilado puntilloso. Sudor parapetado tras la fragancia de Vetiver de Craven: la elegancia es su fuerte: hace un mes su gracia onomástica y figura figuraron en la nómina ceñida de los hombres mejor vestidos del país... Evento destacado que reportó solicitud de dueños de boutiques y editoras de páginas femeninas de su opinión sobre la vuelta a la sensibilidad de los años treinta por la influencia de la película *The Godfather*: ¿hay una sensibilidad nostálgica en el horizonte?; ¿volverá el sombrero masculino?; ¿volverá al chaleco?; ¿volverá la corbata de pajarita?; ¿volverán las oscuras golondrinas?" "Con las uñas esmaltadas por Virginale, trampa de amor creada por la naturaleza, con frescura y pureza de bosque virgen, de tonos ligeros como las nubes, Graciela Alcántara y López de Montefrío abre la cartera: un bolso encantador de cabritilla nívea comprado a crédito en Sears, delicadísimo, elegantísimo, carísimo e imprescindible para las ocasiones en las que se hace pertinente un cierto cuidado abandono; blasonado así por los dioses del trapo el último de los gritos: la ostentación de la no ostentación: the very casual look... señoras que letanían el qué me pongo: ahogadas en laberintos de chifones, estampados de seda italiana y extravagancias costureriles de Givanchy, Halston y Balmain para evitar decir Martin, Carlota Alfaro y Mojena".

Y cuando nos quedamos sin etiquetas, desnudos sin consumo, cuando desaparecen las cosas y quedan los hombres y las mujeres. Entonces, como en el poema de Cintio Vitier, *Estamos*:

Estás
haciendo
cosas:
música,
chirimbolos de repuesto,
libros,
hospitales,
pan,
días llenos de propósitos,
flotas,
vida,
con tan pocos materiales.

A veces
se diría
que no puedes llegar hasta mañana,
y de pronto
uno pregunta y sí,

hay cine,
apagones,
lámparas que resucitan,
calle mojada por la maravilla,
ojo del alba,
Juan
y cielo de regreso.

Hay cielo hacia delante.

Todo va saliendo más o menos
bien o mal o peor,
pero se llena el hueco,
se salta,
sigues,
estás haciendo
un esfuerzo conmovedor en tu pobreza,
pueblo mío,
y hasta horribles carnavales, y hasta
feas vidrieras, y hasta luna.

Repiten los programas,
no hay perfumes
(adoro esa repetición, ese perfume):
no hay, no hay, pero resulta que
hay.

Estás, quiero decir,
estamos.

III. CONTRA Y DESDE

Los papeles se han invertido. Ya la racionalidad, el mortal conocimiento de nuestras debilidades, no es patrimonio, arma del mundo occidental. El discurso del Norte metropolitano ya no puede lanzar su cortina de humo para justificar intervenciones o imposiciones. Conocemos nuestras debilidades y nuestras fuerzas, nos hemos familiarizado con la dicotomía y sus caminos.

Cuando Reagan declaró en febrero, al dirigirse a los países de la Cuenca del Caribe: "En su compromiso de libertad e independencia, los pueblos de este hemisferio son uno. En este profundo sentido, todos somos americanos. Nuestros principios tienen sus raíces en el autogobierno y la no-intervención. Creemos en el mandato de las leyes. Sabemos que una nación no puede liberarse mediante la supresión de las libertades del pueblo. Sabemos que un Estado no puede ser libre cuando su independencia está subordinada a una potencia extranjera. Y sabemos que un gobierno no puede ser democrático si se niega a la prueba de unas elecciones libres". El discurso es transparente: todos somos americanos, pero algunos son más americanos que otros, desde el nombre hasta el poder económico y militar. ¿Libertad e independencia en Guatemala, Haití y El Salvador?¿No-intervención? Es un discurso de harapos; todos conocemos y vemos la desnudez del "speak softly" y el garrote.

La ayuda económica al Caribe no puede ser más hipócrita y divisionista: de la oferta de 350 millones de dólares, El Salvador recibirá más de la mitad para combatir a los que quieren traducir "libertad e independencia" en justicia social y soberanía. Y gran parte del resto irá probablemente a parar en Jamaica, donde el control de USA se vio amenazado cuando Manley buscó, no sin cierta demagogia, su posición entre los países no-alineados.

Los cadáveres de campesinos, obreros y estudiantes aparecen mutilados o muertos o se consideran desaparecidos, missing, alucinante muerte para los pueblos de formación católica, para cualquier pueblo del Caribe que cree, de una forma u otra, en "la resurrección de la carne".

Que Reagan se haya apropiado la figura central del discurso Caribe, José Martí, es la bofetada de la conclusión ideológica más loca del momento que vivimos. "Hace casi un siglo, un gran ciudadano del Caribe de las Américas, José Martí, advirtió que la humanidad se dividía en dos bandos: 'los que aman y crean, y los que odian y destruyen'. Hoy más que nunca, los pueblos de las Américas tienen la oportunidad de mantenerse unidos, de sobreponerse la injusticia, el odio y la opresión, y construir una vida mejor para las Américas en su conjunto".

Además, encima del falso discurso de unidad entre los de arriba, en el norte, y los de abajo, en el sur del hemisferio, USA no ha hecho otra cosa que vacilar y contradecirse.

Primero el secretario de Estado insiste en que la fuente de todo mal, la guarida del Diablo, está en Cuba; luego se extiende y afirma que el problema es global, es parte de la lucha entre Oriente y Occidente, comunismo y capitalismo punta después de la sensata proposición mexicana, decide que las soluciones regionales son posibles. Entonces propone ocho puntos para iniciar negociaciones con Nicaragua y se produce una entrevista "secreta" entre altos funcionarios del gobierno de USA y Cuba... Pero la negociaciones con Nicaragua, el punto de partida, se posponen a pesar de la disposición del gobierno sandinista a negociar la estabilidad del Caribe. Y acaban por virtualmente cancelarse a pesar de la insistencia de Nicaragua.

Todo responde a una táctica imperial gastada, divide y vencerás, castiga el rebelde y recompensa al sumiso. La disposición de negociar, tanto por parte de Cuba como de Nicaragua y del Frente Democrático Revolucionario del Salvador, se interpreta como señal de debilidad, por lo tanto se decide que los problemas económicos que agobian a los países abiertos a negociar la estabilidad de la región, su independencia relativa de la Unión Soviética, es señal de una seria caída, y a los caídos hay que pisarlos. Pero los Caídos están de pie y a pesar de su escasez, de pie tanto en lo político como en lo militar y moral.

Las vacilaciones de USA obedecen a su nueva política en busca del tiempo perdido. Un afán de regresar a los años de posguerra, cuando la supremacía estadounidense era evidente y Foster Dulles podía "push his weight around" y era el momento de la filosofía política del "containment", de contener cualquier avance no solo del comunismo sino de todo movimiento progresista. En ese momento se produjo la caída, con ayuda de la Agencia Central de Inteligencia, de gobierno reformista de Jacobo Arbenz. Luego el mundo entró una etapa más sensata, la cosa era negociar soluciones, la política del "detente" internacional logró cierta estabilidad mediante negociaciones, negociaciones como las de Kennedy y Jruschov durante la crisis del Caribe. La Unión Soviética retiró los cohetes de Cuba a cambio de una promesa: la promesa de USA de no invadir a Cuba. Ahora la administración de Reagan quiere retrotraernos a la guerra fría, y le han dado el nombre de American Resurgence. Nadie hoy en el mundo puede atrasar el reloj, la correlación de fuerzas no es la misma ni entre las grandes potencias, ni entre nuestras dolorosas antillas y las naciones centroamericanas.

La ballena blanca puede dar su coletazo en el Caribe, en su poderosa desesperación, pero es un gesto grotesco e irracional. La única solución que garantizaría los intereses estratégicos de USA, y sería ridículo no tomarlos en cuenta, así como la inevitable soberanía, justicia social e identidad Cultural del Caribe, viene de México, país sensato dentro de su voraz desarrollo capitalista y su política exterior y su cautelosa política exterior. Frente al discurso de divisionista de Reagan y las amenazas de Haig, la sensatez de Jorge Castañeda, ministro de Relaciones Exteriores de México: "La revolución cubana fue una advertencia bien clara para todas las tradiciones tradicionales sociedades agrícolas en los países de la Cuenca del Caribe, basadas en la explotación de la mayoría de los habitantes por una oligarquía: estaban destinadas a desaparecer y que el cambio sería rápido y, a veces, radical".

La Cuenca del Caribe se niega, no puede ya regresar al pasado de explotación bananera, cafetalera, ni seguir abriéndose de piernas a la pura prostitución turística. No se trata de la dicotomía Paraíso / Infierno, se trata de un insoportable purgatorio de hambre y humillación, por pecados nunca cometidos y siempre padecidos, y de sangre.

Hemos crecido con dolor.

Las Antillas y América Central, libres, "salvarán la independencia de nuestra América, y el honor ya dudoso y lastimado del América inglesa, y acaso acelerarán y fijarán el equilibrio del mundo".

Sabemos lo que somos, queremos y podemos hacer, dentro de un pluralismo social que nos permita asumir nuestra soberanía y nuestra identidad.

De lo contrario, la situación inestable de la Cuenca del Caribe será un factor más en la espantosa posibilidad de morir reventados, no de comer muchas frutas, sino víctimas de la destrucción nuclear del mundo. "Mundo se acaba", como canta Pérez Prado, "la atómica, la atómica". Si es así, entonces vamos todos, antes de que sea demasiado tarde, a gozar, o si es necesario a morir.

EDMUNDO DESNOES, mayo y 1982.

La casa y el cuerpo

"También sé", dijo Cándido, "que deberíamos cultivar nuestros jardines".

VOLTAIRE

La riqueza y la miseria de Occidente pueden clasificarse en dos categorías transparentes: la casa y el cuerpo.

Dos fronteras: la piel y las paredes. Dos trampas: el nombre y la nación.

Los cuerpos ya no necesitan vestirse para mostrar su posición social. La carne se imprime y reverbera con el auténtico color de su clase. Un príncipe ya no puede disfrazarse de pobre. Se puede cazar al príncipe –por tierra, mar o aire– y tomarlo como rehén.

Los ricos son blancos y, como Buffalo Bill explicó elocuentemente, Dios hizo a los indios rojos "para que la gente pudiera ver la diferencia". Ahora las pieles rojas, negras, marrones y amarillas también pueden "ver esa diferencia".

He descubierto un círculo infinito de carne; he viajado a través de los tonos y las tallas de los cuerpos. Las mujeres blanqueadas en Vogue, costosamente vestidas, incluso cuando posan desnudas. Lady Godiva, la lechosa feminidad inglesa, "cabalgaba, vestida de castidad".

Las mujeres de clase media son consumidoras de color rosa, sonríen como la vecina de la puerta de al lado. Participan en el mercado de la piel: existen cuando compran. Siempre aparecen en Playboy.

Las chicas Hustler están mojadas, generosamente dotadas para trabajar en el mercado. Están abiertas, son vulnerables, sienten dolor cuando pretenden sentir placer.

Estas mujeres de múltiples tonalidades son el producto definitivo de la oferta y la demanda en la economía del Estado de Nueva York. Las mujeres son las precursoras de la humanidad, los nuevos androides. Dejo fuera a las mujeres que son lo que los hombres empiezan a ser, y quieren ser, en este país.

Estas criaturas extrañas y envidiables viven en su carne, ciegas y daltónicas; están confinadas en su país, en su castillo de naipes. Se comen las unas a las otras en la mesa. Dos mil millones de hombres y mujeres espían desde puertas y ventanas. El tercer mundo fisgón contempla a Lady Godiva. Y empieza a llamar a la puerta de la habitación. Unas cuantas de las que están dentro se llenan de un terror fantástico que nunca habían sentido antes. Otras abren la puerta. El presidente declara, la prensa declara: "Oscuridad y nada más".

Todos sabemos que esos cuerpos y esas casas esperan a los bárbaros. "Ha llegado la noche, pero los bárbaros no han llegado. Algunas personas vinieron desde las fronteras y dijeron que ya no había bárbaros. ¿Qué será de nosotros sin los bárbaros? Eran una especie de solución".

Magart

Quería alejarme del aspecto físico de la pintura. Me interesaban las ideas, no solo los productos visuales. Quería poner la pintura al servicio de la mente una vez más.

MARCEL DUCHAMP

Disfruto de la seguridad de tantas señales suaves y engatusadoras. Pero no puedo tomármelas pasivamente.

Yo enfrento, junto y mezclo dos imágenes recortadas.

Un flujo incesante de novias mecánicas y objetos que respiran.

Los recortes ocupan el espacio entre las imágenes plurales de los medios y los objetos singulares. Los recortes de revista sacados de la basura de Nueva York.

La mujer es el signo dominante, poderosa e impotente como todas las mitologías. Te reducimos a tu cuerpo, te dejamos en un mundo que comienza y acaba con tu carne, en la fricción entre los cuerpos y las cosas. Placer obsceno, presencia, poder. El poder de los sentidos, los confines de dos metros cuadrados de piel. Solo la piel, la seda. Y sin horizonte.

Estas mujeres son el signo central de la consciencia social occidental.

Estas mujeres no tienen nada que ver con la mujer social y política.

Hoy en día, nadie trabaja a tan pequeña escala. El tamaño emascula cualquier posible inteligencia. La escala de las artes visuales actuales es el enorme Moby Dick, impresionante pero tonto.

Los títulos nos acercan al caos y son precisos.

En 1911, cuando Kandinsky creó el primer cuadro no figurado del mundo, Marcel Duchamp insistió en el peso de los títulos: "La presencia de un título no descriptivo se aprecia aquí (*The Bush*, una pintura con dos mujeres desnudas, una arrodillándose y otra de pie). Desde entonces, siempre les doy un papel importante a mis títulos, que añado y trato como un color invisible".

Estos son los posibles títulos para uno de los recortes: *Amor sagrado o profano, Desvestido y desnudo, De riquezas a harapos, Vivo o muerto*.

Dos imágenes, dos declaraciones crean una tercera. Las palabras se usan para limitar o impulsar la nueva superficie.

El arte solo puede servir al poder. O a una lucha organizada por el poder.

El arte como un desafío es una criatura burguesa. Se creó en el siglo XVIII para hacer que la aristocracia, con sus tierras, cayera de rodillas. La princesa Diana es la mentira del arte. Ningún esclavo, ningún siervo, ningún campesino, ningún trabajador desafía al poder con garabatos. Garabatos para los comerciantes y la industria, para su libertad. Actualmente nadie puede usar el arte para desafiar a la burguesía sin desaparecer o acabar en Park Place. Incluidos Van Gogh y Gauguin, Picasso y Pollock.

El desafío se encuentra en estas páginas rasgadas, las púas, la furiosa Tercera Guerra Mundial entre Norte y Sur.

Pero se ha vuelto romo por el color, por demasiadas cosas brillantes.

El desafío está sobre estas páginas, no en estas páginas.

No es posible escapar del onanismo en el arte. Otros nos utilizan para inseminar a los consumidores.

Como mucho, espero la copulación. Dos cuerpos frotándose hasta borrarse los cerebros. Un escape momentáneo de la teoría de la oferta.

Sobre "The Intellectual in Anguish"

La gente del tercer mundo es o bien servil y corrompible, o bien orgullosa y no tan fácil de comprar. En el debate occidental sobre Latinoamérica, se asume que todos tenemos un precio muy bajo, una vaca o una grabadora de audio, una mujer o un país a los que oprimir (una mujer porque normalmente son hombres los que te interesa comprar). Hay una anécdota famosa sobre la Revolución mexicana: los generales que habían resistido a la artillería pesada cayeron destrozados al recibir un millón de pesos. Es inquietante saber que los líderes de la Revolución cubana, o Allende y la gente y los líderes de la Revolución centroamericana son, en ocasiones, incorruptibles.

Yo mismo soy corrompible y orgulloso como muchos otros intelectuales del primer, segundo y tercer mundo. Hoy estoy aquí gracias a mi arrogancia, porque tengo una ventaja: he vivido y trabajado en Cuba durante veinte años de revolución.

Siento un profundo respeto por el trabajo de Julianne Burton. Es capaz de comprender un discurso foráneo de la cultura de Latinoamérica. Es como un milagro: una crítica que puede pensar utilizando términos que no pertenecen a su cultura. Julianne Burton es un puente, y ahora mismo nos hacen mucha falta puentes culturales para superar la polarización continental del Norte y del Sur, de los Estados Unidos de América y los Estados Desunidos de América. Actualmente, este malentendido es mayor y más profundo que el que existe entre el Este y el Oeste.

Por ello, me siento lo suficientemente cómodo como para ir directamente a la raíz, hablar más radicalmente de algunos de los asuntos que trató en su charla de hoy. Burton define a Tomás Gutiérrez Alea (a quien me referiré como Titón, el nombre por el que la mayoría de nosotros lo conocemos) como "un artista consciente de sí mismo y autorreflexivo que ha utilizado sus talentos y su energía para crear una obra de arte compleja e intransigente que expande el radio de posibilidades y expresiones artísticas e intelectuales desde una perspectiva de compromiso político". Burton no puede evitar cambiar su análisis, de la filmeficción a los ensayohechos: "Un grupo de intelectuales de Latinoamérica (incluyendo a Edmundo Desnoes en persona), que pontifica utilizando términos abstractos e intrascendentes sobre literatura y revolución".

Creo que este es un buen momento para dejar algunas cosas claras. Me voy a tomar la libertad de ser tan manipulador e interesado como Burton. Quiero desplazar un poco el centro de atención. Desnoes fue el primero en Cuba en introducir el tema del subdesarrollo como una forma de colonización cultural y no como una categoría económica. Escribí la novela en la que Titón se basó fielmente, e incluso escribí las nuevas escenas que se incorporaron en la versión cinematográfica. Solo una secuencia completa fue obra de Titón, el ensayo documental sobre la invasión de la Playa Girón, conocida en inglés macarrónico como Bahía de Cochinos. Me gustaría expresar una duda, una profanación en la mayoría de los análisis de *Memorias*: Titón es muy probablemente el creador de la versión cinematográfica y yo estoy mencionado como el autor del contenido de la película. La historia intelectual de la cultura cubana requiere un método más riguroso. Puedo estar de acuerdo en que el cine es oficialmente más exitoso que la novela como forma de arte, aunque me resultaría muy difícil definir el arte, la forma o el valor estético en sí mismo. Pero si seguimos la proposición que dice que las buenas novelas dan lugar a malas películas, entonces se podría sugerir que las malas novelas dan lugar a buenas películas. Esta idea me divierte y me satisface.

Cuando la película se estrenó, le concedí toda la gloria a Titón, ya que mi novela ya había tenido éxito, y escribí generosamente que la película era suya, puesto que el creador, el Dios de cualquier película, es su director. Ahora añadiría que uno de nosotros es el Dios y el otro, su profeta.

En cuanto a los personajes suplentes, creo que Paulo de *Tierra en trance* se acerca más a lo que Burton llama "el artista intelectual como antihéroe" que el Sergio de *Memorias*. Sergio no es un intelectual, más bien es una metáfora de las posibilidades y limitaciones de los patrones de comportamiento burgueses en una revolución. Hace falta recordar que Sergio decidió entrar en el mundo de los negocios antes de verse forzado a escribir por culpa de la revolución. Sergio empieza a escribir un diario, que es otro tipo de ficción, como un instrumento para revelar el choque entre su perspectiva de clase media y su praxis revolucionaria. Hice que escribiese un diario para revelar la mente de la burguesía neocolonial. Mi intención era mostrar que lo mejor que el acercamiento a la clase media puede ofrecer, una vez de cara a la revolución, fracasaría inevitablemente.

Sergio empieza a sentir que está por encima de todo, que "la isla es una trampa, somos demasiado pequeños para sobrevivir; es una dignidad muy cara", pero al final descubre que está por debajo, completamente subdesarrollado como un ser social. La revolución no es una trampa, pero sí lo es su apartamento. El conocimiento y el cambio radicales solo se encuentran en la acción, y no en la contemplación pasiva. El hombre solo puede luchar contra la alienación a través de la actividad social y no de la masturbación mental. Quizás el aislamiento no se pueda resolver, pero sí se puede mitigar.

Este aislamiento es, por lo que he podido ver, parte de lo que significa ser un animal simbólico.

Sergio es un intelectual, pero del mismo modo que todos lo somos; su especialidad profesional no es la de ser escritor. Si tuviera que describir cuál es su rol social, lo consideraría un hombre de negocios jubilado que se ha convertido en escritor. Sergio simboliza la consciencia y el comportamiento de un burgués que trata de leer el futuro en términos del pasado.

Creo que a pesar de que Rocha y Titón nos insinuaron o lanzaron la imagen del "artista intelectual como antihéroe", tanto Paulo como Sergio son, a todos los efectos culturales, héroes contemporáneos. Son héroes contemporáneos del mundo occidental en la segunda mitad del siglo XX, situados astutamente en el tercer mundo. Por eso sentí que la destrucción de Sergio era inevitable en el contexto de la Revolución cubana.

En primer lugar, la idea de un intelectual que se pregunta cuál es su papel en la sociedad es fruto de la importación del colonialismo cultural. Es algo que todos hemos sufrido: una visión estrábica del mundo, con un ojo que mira hacia Europa o los Estados Unidos y el otro condenado a observar nuestras repúblicas latinoamericanas, tristes y doloridas. Estas dos vistas se superponen y crean una doble exposición.

Creo que estos son las dos ideas centrales que *Tierra en trance* y *Memorias* muestran de manera visual, intelectual y emocional a cualquiera que se vea condicionado a leer el discurso cultural de Latinoamérica en términos de diferencias de clase y de distorsión colonial. "Por parte de estos cineastas", declaró Julianne, "este rechazo del artista e intelectual como un héroe es una elección a la vez política y estética. Los análisis de los directores de la situación política en Latinoamérica y su oposición a las convenciones de representación de personajes en el cine dominante parece solo una figura retórica, un discurso intelectual engañoso".

El problema de la mayoría de los artistas e intelectuales latinoamericanos tiene que ver con su audiencia nativa. Sus productos se dirigen principalmente a una audiencia en Londres, Venecia, París, Nueva York o San Francisco. Una audiencia de críticos y sectores de la burguesía ilustrada.

Su verdadera audiencia es, a menudo, impaciente con ellos, y se muestra crítica ante su autosuficiencia. Es una audiencia de profesionales, estudiantes y organizadores sociales radicales. Una audiencia que funciona dentro de un contexto latinoamericano, orgulloso del futuro político y social de nuestros países y que no se siente afligido por ningún tipo de inferioridad cultural. Este público lucha, agoniza por una reorganización socialista de la sociedad. El otro grupo, más fuerte pero menos sofisticado culturalmente, está compuesto de la creciente burguesía latinoamericana, que solo crece a expensas del sesenta o setenta por ciento restante de la población. Un grupo interesado en mantener la sociedad consumista para asegurarse un enclave de riqueza material. Con el tiempo, dejarán un espacio para la experimentación artística y una necesidad de consenso popular.

Estos dos grupos luchan por el control de Latinoamérica. Estos dos grupos, y las repúblicas en las que son dominantes, determinarán el curso que tomará la cultura latinoamericana. Los países y las sociedades quedan divididas por esta dicotomía. Brasil y Cuba son el centro de esta lucha. Ambos están cansados de la tendencia de algunos artistas e intelectuales a presentarse como la consciencia de la sociedad, una sociedad que suelen ver en términos del pasado; este pasado es o bien la influencia decisiva de la cultura europea o estadounidense, o bien la nostalgia por el mundo mágico y muerto de *Cien años de soledad.*

Esta es la causa de la crisis actual, "los cambios históricos y políticos" que se describen en el primer párrafo de la conclusión. Es cierto que ni los brasileños ni los cubanos están creando películas que sean "tan intrépidas en el tema o atrevidas en la forma". Creo que es una señal de madurez, de crecimiento social y, por encima de todo, de densidad histórica. No creo, como parece que sí lo hace Julianne, que los estilos populistas o clásicos no sean necesariamente más democráticos porque "exigen menos a su público". Julianne lo considera menos democrático porque no le deja tanto espacio a su audiencia para la reflexión y la participación.

Lo que quiero decir es que la audiencia de estas películas nunca ha sido relevante, ya que nunca han atraído a una gran audiencia popular. En Latinoamérica, estas películas siempre han sido para los pocos felices; por ello, ese espacio reducido de reflexión y participación se le hurta a una élite cultural y política. Me he dado cuenta de que películas como *El brigadista* y *Retrato de Teresa*, aunque son menos complejas en el aspecto formal y narran en orden cronológico, han alcanzado, emocionado e impactado a una audiencia más grande en Cuba que otras películas como Lucía o Memorias.

Tanto Rocha como Titón se han ganado una audiencia internacional a expensas de una nacional en Cuba o Brasil. Películas como *Tierra en trance* y *Memorias* son vitales y necesarias, pero deberían apoyarse más en una industria del cine nacional unida a una audiencia nacional masiva en lugar de hacerlo en un discurso extranjero, tanto en forma como en contenido. Aún recuerdo cuando vi *Cantata de Chile*, un largometraje de Humberto Solás, el director de *Lucía*, en La

Habana. Disfruté de la proyección de la película yo solo, sentado en la opulencia dilapidada de un cine de barrio.

Como escritor de ficción, solo puedo lamentar la crisis del cine experimental, ya que solo puedo escribir novelas para minorías liberales. Sin embargo, como ensayista, entiendo perfectamente la naturaleza precaria de las formas de arte densas y complejas que excluyen la participación, principalmente la participación emocional en el arte por parte de amplios sectores de nuestros países.

Latino hasta la muerte

La disrupción política escenificada por los grupos del exilio cubano durante los Juegos Panamericanos de Indianápolis demuestra lo cerca y lo lejos que están estos cubanos, después de más de veinticinco años, de la integración.

Cercanos porque al contrario que otras minorías étnicas con ambiciones políticas de este país, ellos han conseguido imitar muchos de los patrones de comportamiento estadounidenses. No puedo pensar en otros grupos de inmigrantes que hayan llevado a cabo una manifestación política al estilo Madison Avenue. No puedo imaginarme a los grupos que lucharon por la liberación húngara en los años 50 y ni siquiera a los grupos judíos que protestaron por el antisemitismo en la URSS llegando, mutatis mutandis, a ofrecer "una recompensa de $25.000 en oro para el primer agente de seguridad e inteligencia cubano o nicaragüense que deserte" durante los juegos. A esto se le suma el avión que sobrevoló el circuito de Indianápolis con un cartel que no denunciaba a Castro, sino que mostraba el número de teléfono (seguramente gratuito) al que uno debía llamar si quería desertar. "Vamos a enseñar la bandera a ver si alguien hace el saludo". Todo esto es prueba de un don para los ardides publicitarios.

Sin embargo, al mismo tiempo, los cubanos están lejos de mostrar una verdadera integración hacia las costumbres del país. Nada se aleja más del comportamiento estadounidense que politizar un evento deportivo, o cualquier actividad empresarial o de ocio. Como Joan Didion insistió en la New York Review of Books cuando habló de los cubanos de Miami: "Nunca he pasado un control de seguridad para volar hacia Miami sin sentir una cierta ingravidez, la cautela agudizada de haber dejado el mundo desarrollado para dirigirme a una atmósfera más fluida, en la que la desconfianza nativa de las posibilidades extremas que tienden a forzar a unos Estados Unidos moderados a obedecer a las instituciones democráticas está anclada poco profundamente, o ni siquiera lo está. La sensación que tenía era la de estar en una capital latina, a uno o dos años de un nuevo gobierno". Didion señala la diferencia principal y más persistente entre los angloamericanos y los latinos. Los cubanos no son una excepción cuando se trata de su obsesión con la política. En Indianápolis, los cubanos demostraron que solo habían asumido los hechos sociales de la conducta estadounidense de manera superficial. Solo ceden bajo presión. Cuando se vieron cara a cara con las autoridades locales, los cubanos utilizaron su máscara estadounidense una vez más. "Solo queremos ayudar a la ciudad", dijo Ernesto de la Fe, uno de los miembros de la Federación Nacional Cubano Americana. "Solo queremos que los juegos vayan lo mejor posible".

Es importante reconocer la particularidad de la población latina en los Estados Unidos, una población que imita pero apenas comprende las premisas y los patrones de la vida en los Estados Unidos. Es una personalidad fabricada desde temprana edad con un molde absoluto, una consciencia colectiva obstinada.

Dos noticias recientes del New York Times pueden confirmarlo. En primer lugar, el caso de Juan Pérez, que aún era un niño cuando se enfrentó a dos osos dentro de su jaula en el zoológico de Brooklyn y fue herido de muerte. La otra es la noticia en la portada del ejemplar del 26 de julio de 1987 acerca de José Razo, un estudiante chicano de la Universidad de Harvard que, cuando se fue a casa por vacaciones, "comenzó a caminar de manera extraña, con una postura diferente [...]. El código de vestimenta incluía los tatuajes. En uno de sus hombros tenía escrito su nombre, en el otro figuraba la cabeza de un dios azteca, mientras que en su muñeca se leían las iniciales L. H., de La Habra".

Esto nos llega más lejos que en cualquier otro grupo inmigrante. Lo sé, porque soy uno de ellos.

Nueva York. Dos hombres están sentados en lados opuestos del tren; uno de ellos está despatarrado en el asiento, mientras que el otro casi apoya la cabeza en las rodillas. Ambos están ebrios, pero uno es angloamericano y el otro es hispano. Smith College, Northampton. Un aula donde todas las chicas visten como universitarias, perfectamente conjuntadas con vaqueros, zapatillas de deporte y sin pintalabios. Solo una de ellas tiene hecha la manicura. Es de Bogotá, Colombia. Una calle en San Francisco. Siete hombres y dos mujeres están delante de un bar con latas de cerveza en la mano, hablando en voz alta y gesticulando. A unas pocas cuadras de allí, en un bar que huele a madera, con iluminación tenue, una docena de hombres beben morosamente, mirando sus vasos y monologando.

Estas son solo algunas de las imágenes de contraste que muestran cómo los hispanos viven en los Estados Unidos.

Todos hemos visto las estadísticas sin forma ni color. Cerca de 20 millones de hombres y mujeres de origen latinoamericano viven en los Estados Unidos. La mayoría se concentra en las costas del Atlántico y el Pacífico y en el sudoeste. Un 50% son analfabetos funcionales en inglés. Una minoría significativa se ha integrado en la clase media, pero el nivel de pobreza de grandes sectores de la población puertorriqueña y chicana, así como la de origen centroamericano, cayó el año pasado por debajo de los niveles de salario, desempleo juvenil y alfabetización de la comunidad negra.

La mayoría de los americanos saben dónde viven, cuál es su salario medio, sus hábitos de compra y sus inclinaciones musicales, pero muy pocos de ellos saben cómo viven ni cuál es su patrón de conducta.

Un ensayo fotográfico, junto con un ensayo explicativo, podría mostrar los signos, los patrones de conducta, el sistema de gestos, la singularidad física y los valores de este otro país que está creciendo dentro de los Estados Unidos. Proponemos un libro de palabras e imágenes, basado en viajes extensivos e intensivos por los Estados Unidos continentales. El libro evitará reflejar la población latina como puro paisaje y etnia colorida, ni mediante la simple belleza física de los hispanos. Nos concentraremos en crear un retrato total, a través del territorio y más allá de los grupos de cada clase, sexo, profesión y edad. Para recalcar la particularidad de la población latina, presentaremos imágenes contrastadas para dejar ver su estilo de vida y sus valores en el país.

Lancemos al aire la moneda de la libertad

Si les interesa saber lo que está ocurriendo en el mundo hoy en día, solo tienen que lanzar al aire la moneda de la libertad. Es un método justo, barato y fácil para aliviar su consciencia. Después de lanzar la moneda, pueden seguir a lo suyo con una valoración acertada de los peligros que acechan en cada rincón del planeta.

Tomemos como ejemplo a la Unión Soviética, que es la carga más pesada de los Estados Unidos. "¿Por qué las reuniones en Ginebra no están consiguiendo que se progrese?"

Si sale cara, la respuesta es "porque somos honrados". Si sale cruz, es "porque siempre hacen trampa".

Nuestra preocupación por el poder nuclear para garantizar la paz debería ser (y es) nuestra prioridad. Si ustedes forman parte de esos místicos materiales que pueden vivir casi exclusivamente dejando el día a día al azar, no sigan leyendo. No se van a divertir.

En este país, siempre sacamos cara. Ellos siempre sacan cruz. Esto es puramente formal, entiende que son reglas estrictamente prácticas. Solo reglas.

Después de que se hayan tranquilizado en cuanto a los caníbales, los bárbaros y los ateos que llaman a nuestra puerta, guárdense la moneda de la libertad en el bolsillo. Cada día, cada vez que la lancen al aire, se ahorrarán el precio de un periódico y otros irritantes gastos. No se trata solo de los precios cada vez más elevados de The Wall Street Journal y The Sunday Times, también se ahorran el precio de la lavandería. La manera en la que los periódicos ensucian la ropa es vergonzosa, y todo el tiempo que se tarda en quitarse esa tinta ubicua de debajo de las uñas siempre es tiempo perdido.

Para presentar mi método, les daré solo seis alternativas para cara y cruz, pero son suficientes para tranquilizarles de cara a las aguas turbulentas que nos rodean. Hay muchas más alternativas, pero esas deben esperar. Estoy teniendo algunas dificultades para registrar mi método en alguna patente para promocionar, distribuir y, lo que es más importante para mi paz duradera, proteger mi técnica revolucionaria de piratas indeseables.

La siguiente pregunta, dentro de las prioridades reconocidas de nuestra política exterior, trata sobre el terrorismo: "¿Por qué el coronel Gadafi es tan hostil con los estadounidenses?"

Cara: "Porque creemos en Dios". Cruz: "Es una de las apariencias que toma el Diablo".

La tercera prioridad es Japón, pero dejaré el Peligro amarillo para el final. Primero, seguiré un orden puramente político y relacionado estrechamente con el Imperio del mal. "¿Por qué estamos apoyando y ayudando a los contras en Nicaragua?"

Cara: "Porque estamos actuando en defensa propia". Cruz: "Porque son los agresores de la democracia, la familia y la propiedad".

Filipinas ha entrado en la zona de peligro. "¿Qué debería pensar sobre ese tal Marcos?"

Cara: "Es un hijo de puta". Cruz: "Es nuestro hijo de puta".

Si están hartos del resto del mundo –"Europa es el infierno", dijo Jefferson– se preguntarán lo siguiente: "¿Por qué siempre tenemos que luchar por nuestros derechos?"

Cara: "Porque creemos en Dios". Cruz: "Porque ellos creen en el comunismo".

Ahora Japón. "¿Por qué saldremos victoriosos de este conflicto económico con Japón?"

Cara: "Porque somos blancos". Cruz: "Porque no son blancos".

Siempre es lo mismo. Esa es la otra cara de mi moneda. La cara que sabe lo que está ocurriendo, pero prefiere jugar con monedas. La cara esquizoide antiamericana de mi carácter, la que me gustaría trasladar, convertir en beneficio económico.

Estoy harto y cansado —más cansado que harto— de la gente que me aturde largándome rollos que se sacan de la chistera, de su chistera o de uno de esos sombreros caros, expresivos y cómodos de Karl Lagerfeld, propios de sillones orejudos.

He escrito algunos trabajos académicos, inútiles, lo sé, sobre la libertad, pero como publicar es la única manera que tengo para meterme algunas monedas en el bolsillo, intentaré divertirles a ustedes tanto como les he sido útil a ustedes, es decir a mí mismo, en la primera parte de esta humilde propuesta.

Comenzaré con la palabra albedrío o su sinónimo más social, libertad. Lo primero que hice fue buscar la definición en el America Heritage Dictionary de la lengua inglesa.

"Libertad: 1.a. Condición de no estar sujeto a ninguna restricción o control. b. Derecho de actuar de manera determinada por elección propia. 2. Estado de no encontrarse en confinamiento o servidumbre. 3. Autorización para hacer algo en específico; privilegio. 4. A menudo en plural. a. Acción social considerada más familiar de lo que la buena educación lo permite: ¿Puedo tomarme la libertad de llamarte por tu nombre de pila? b. Declaración, actitud o acción no garantizada por ninguna condición o realidad: Una novela histórica que se toma determinadas libertades con la cronología. 5. Permiso autorizado durante el periodo de servicio en la marina. – Ver sinónimos bajo "albedrío". —En libertad. 1. No en confinamiento o bajo obligación. —Estar libre: 2. No ocupado o en uso".

La primera definición es puro idealismo, puramente onanista, ya que no se puede poner en práctica sin meterse en problemas inmediatamente. Cualquier miembro de la sociedad que sea libre de todo control o restricción está muerto. Hobbes o cualquier pensador serio coincidirían en que la única libertad es la de aceptar la obediencia. "He dicho en mi Leviatán que el derecho de la naturaleza por medio de la cual Dios reina sobre los hombres deriva no del hecho de haberlos creado, como si deseara obediencia, gratitud, sino de su poder irresistible". Si no crees en Dios, como decía el pensador cubano José Martí, crees en la Historia. Que así sea. En un sistema o en el otro, no existe la libertad de la restricción o el control.

La aceptación de la libertad como un "estado de confinamiento o servidumbre" se refiere a la esclavitud o a la prisión. Si ampliamos la idea para que incluya las ideologías, o como Chomsky lo llama, la teología de Estado, obtenemos que "no hay libertad en la URSS".

En lo que respecta a la tercera definición, "autorización para hacer algo en específico; privilegio", estoy de acuerdo. Si la libertad es un privilegio, que me den la libertad de entrar al metro sin usar un billete, o al restaurante más caro de Manhattan sin tener que pedir la cuenta, o de comprarme un coche Hispano-Suiza. Esta es la acepción más practicada de "libertad", la que practican los pocos afortunados.

Vamos ahora al uso en plural, a lo de tomarse libertades. Mi nombre de pila es Edmundo y podéis llamarme Edmundo si habéis leído hasta aquí.

Llegamos pues a mi propio campo; las libertades que me he tomado con la cronología en mi novela *Alpo* son grandes, pero nadie ha aceptado mi libertad de publicar. Quizás porque rechazo la libertad canina y hago que "terroristas" maten a los perros de los ricos para darles un golpe bajo.

La quinta definición también es sorprendentemente acertada: "Permiso autorizado durante el periodo de servicio en la marina". "Cómo es posible que haya ocurrido esto –como diría Shakespeare–, casada con el hermano de mi padre, que se parece tan poco a mi padre como yo a Hércules".

La última definición es la mejor. "No ocupado o en uso". Cuando estás libre eres inútil. Dame esclavitud, quiero ser un esclavo de la Bolsa, de mi cartera; ojalá fuera un esclavo de Leo Castelli o del viejo MOMA, quiero ser un esclavo de Paulina Porizkova, la modelo más madura y más exitosa económicamente hoy en día en Nueva York. Incluso me contentaría con Ariane, la asiática, aunque solo es buena en la pasarela.

Pongámonos serios de nuevo. Un poco de historia de la palabra. "La libertad, aunque solía tener un sentido más general de albedrío, cobró un fuerte sentido de permiso formal o privilegio a partir del siglo XV; se aprecia en la expresión del dominio naval "barco de libertad" y, aunque a veces no es tan evidente, en la conservadora "libertad de los súbditos", en la que "libertad" no tiene el sentido moderno, sino el antiguo: determinados derechos se garantizan dentro de una subordinación incuestionable a una soberanía en particular. La otra palabra para un derecho formal de este tipo era 'licencia'…". No iré más allá, pero si les interesa encontrar las connotaciones clasistas del término, *Keywords*, de Raymond Williams, de donde he extraído mi cita, es un buen comienzo.

El éxito de la libertad es el mayor trofeo deportivo de la ideología estadounidense. Si en cualquier momento un ciudadano se va por el mal camino y muestra simpatía por un país en el que la libertad es la de disfrutar de la educación libre y gratuita, de la asistencia sanitaria gratuita, en el que la libertad es la de rechazar los vasos de plástico y el fusil M16, entonces gritan: "No Freedom, no Liberty". Tras oír estas palabras consagradas, los herejes volverán a su lugar. Se les pone la piel de gallina solo de pensar en la gran sociedad libre en la que viven, y lo triste que es cuando uno no tiene el derecho a estar borracho un sábado por la noche, en cualquier esquina de la calle, y gritar al mundo lo que cree o, más a menudo, cómo le han jodido.

Un último elemento interesante: tengo un libro, *Crabb's English Synonyms*, que se publicó originalmente en 1917. Conseguí una edición de 1945, publicada por Harper & Brothers; la saqué de la basura, donde encuentro todos mis libros gratis. Lo había tirado un doctor muerto, y tenía una inscripción: C.A., M. D., Nueva York, 15 de septiembre de 1950. Al buscar "libertad", nos redirige a "libre". En "libre", pone lo siguiente: "En todas las acepciones, libre es un término reprobatorio, mientras que liberal es un elogio. Ser libre quiere decir actuar o pensar a voluntad; ser liberal es actuar según lo que dicta un gran corazón y una mente sabia. Un payaso o un tonto será libre con su dinero y lo despilfarrará para satisfacer su humor o saciar su apetito, pero el hombre noble o sabio será liberal con las recompensas por sus méritos y potenciará la industria y todo lo que haga falta para contribuir a la gloria, la prosperidad y la mejora de su país".

Esto queda algo anticuado, pero increíblemente transparente. Actualmente, usarían "conservador" o "republicano" en lugar de "liberal" para llamar a aquellos que actúan según dicta un gran corazón y una mente sabia.

Un payaso o un tonto hoy en día podría ser un mafioso italiano abundantemente generoso con su familia, o un puertorriqueño que despilfarra su sueldo todos los viernes en un bar para dejar de alienarse, pagando ronda tras ronda de cervezas que disfrutará con sus amigos.

No me des consejos, dame dinero. El gran corazón y la mente sabia tienen dinero para recompensar los méritos, potenciar la industria y contribuir a la gloria, la prosperidad y la mejora de su país. Un país pequeño, tan pequeño como una moneda.

Lancemos otra moneda al aire. Me estoy impacientando.

"¿Qué pasará en caso de guerra nuclear?"

Cara: "Viviremos". Cruz: "La URSS morirá".

Eso es todo lo que me importa.

El suicidio no es el principal problema filosófico, como Camus pensaba. Es la única pregunta filosófica seria que un ciudadano ciego de los Estados Unidos le puede hacer a su némesis. Un ciudadano cegado por la calidez de su confianza en Dios mientras disfruta de la libertad de escoger si ver a Dan Rather, Tom Brokaw o Peter Jennings.

Eso es lo único que importa.

EDMUNDO DESNOES
Nueva York, febrero de 1986

AGUSTÍN GARCÍA

Los rostros de Leonardo Padura

I.S.B.N.: 978-84-9074-253-2

Varios especialistas en la obra del Premio Princesa de Asturias de las Letras 2015, analizan la obra de Leonardo Padura Fuentes y ofrecen perspectivas útiles para la mejor comprensión de uno de los autores más importantes de las letras hispánicas contemporáneas.

Entre los textos que recoge este volumen destacan inéditos del propio Leonardo Padura y de Francisco López, Rafael Grillo, Amir Valle, Michel Encinosa Fú, Enrique Saínz, Dorita Nouhaud, Manuel García Verdecia, Emiliano Ruiz Parra, Agustín García Marrero, Rafael Acosta de Arriba, Rebeca Murga, Elizabeth Mirabal, Lucía López Coll, Agustín García Marrero y Ciro Bianchi Ross.